MÉMOIRE

SUR L'ANTIQUITÉ

DES ZODIAQUES

D'ESNEH ET DE DENDERAH.

MÉMOIRE

SUR L'ANTIQUITÉ

DES ZODIAQUES

D'ESNEH ET DE DENDERAH.

TRADUCTION DE L'ANGLAIS.

A PARIS,
J.-M. EBERHART, IMPRIMEUR DU COLLÈGE ROYAL
DE FRANCE,
rue du Foin Saint-Jacques, N° 12.

1822.

TO
DAVID BAILLIE ESQ.

My dear Sir,

Allow me to dedicate this Memoir to you. It was written in consequence of some conversations which we held together, when you were at Naples, in the Spring.

I remain, with very sincere regard,

Most truly your's,

W. Drummond.

Naples September 27th, 1820.

ERRATA.

Page 12, ligne 11; el mot, *lisez:* le mot.

P. 20, l. 9 (en remontant); leurs histoire, *lisez:* leurs histoires.

P. 81, à la dernière ligne; *numne*, lisez: *numen*.

P. 127, l. 5; en chaldaïque, *lisez:* en chaldéen.

P. 148, l. 7 (en remontant); selon toute apparance, *lisez:* selon toute apparence.

MÉMOIRE

SUR

L'ANTIQUITÉ DES ZODIAQUES

D'ESNEH ET DE DENDERAH.

Sı l'on parvient à déterminer d'une manière précise l'époque de la construction des zodiaques d'Esneh et de Denderah, cette détermination devra nécessairement se fonder sur les témoignages que ces monumens eux-mêmes nous fournissent. Quoi qu'il en soit, on paraît convenir généralement que leur objet était de représenter l'état du ciel au commencement d'une période sothiaque, et qu'on doit en conséquence les rapporter, selon toute probabilité, ou à l'année 2782 avant J.-C., ou à l'année 1322 avant J.-C., ou enfin à l'année 138 après J.-C.

Avant d'entreprendre la discussion de ces trois solutions du problème, ou l'examen des zodiaques en question, je crois devoir présenter au lecteur quelques remarques : *premièrement*, sur le système de chronologie généralement adopté ; *deuxièmement*, sur les progrès de l'astronomie chez les orientaux en général, et les anciens Égyptiens en particulier ; *troisièmement* enfin, sur l'origine des symboles zodiacaux.

I. Conformément au système de chronologie généralement reçu parmi les modernes, 5824 ans se seraient écoulés depuis la création du monde jusqu'au temps où j'écris. Ce système est fondé, nous dit-on, sur l'autorité des annales sacrées ; j'accepte cette autorité, et je souhaite de tout mon cœur qu'elle reçoive une nouvelle confirmation du résultat de mes recherches ; mais en même temps, je me crois libre d'examiner les annales dont on veut s'appuyer, et de juger par moi-même si la chronologie que l'on a adoptée concorde véritablement avec elles. Je sais que le seul fait de cet examen m'expose à être taxé de présomption ; mais la crainte d'une pareille censure ne m'empêchera jamais d'exprimer librement mon opinion sur une matière que je croirai de ma compétence.

Ainsi que je viens de le dire, le monde est vieux de 5824 ans selon la chronologie la plus généralement admise ; ce même monde a 6065 ans selon le texte samaritain; 7210 ans selon les Septante, et 7508 ans selon l'historien Josephe.

La chronologie reçue s'appuie sur une interprétation du texte hébreu qui, pour être littérale, ne m'en paraît pas plus exacte. La version des Septante et le témoignage de Josephe donnent lieu de penser qu'une erreur s'est glissée dans le texte hébreu, relativement au nombre des années qui se sont écoulées entre la création et le déluge. Une autre erreur encore plus frappante se rencontre dans le calcul de l'intervalle compris entre le déluge et la naissance d'Abraham; mais ici nous devons peut-être mettre la faute sur le compte des traducteurs de la Bible plutôt que sur les copistes qui nous ont transmis le texte sacré. Au chap. xi. *v*. 10 de la Genèse, il est dit: *Sem erat [filius] centum annorum* (בן־מאת שנה) *quando genuit Arphaxad*. Cela posé, lorsqu'il est dit ensuite au *v*. 12 : *Porro Arphaxad vixit triginta quinque annis et genuit Sale ;* les mots *[filius] centum annorum* sont sous-entendus et doivent être suppléés après *Arphaxad ;* la même observation s'applique à tous les descendans de Sem jusques à Abraham. C'est ainsi que le copiste samaritain, les LXX et Josephe ont dû lire le texte. Il est vrai que ces auteurs diffèrent entre eux sur le nombre des générations ; mais tous ont suppléé les mots que je viens de rétablir. Quant au nombre des générations, je n'hésite pas à suivre les LXX, parce que leur énumération coïncide avec celle que St. Luc a adoptée, et je crois, sur la foi de ces deux témoignages, que le nom du second Caïnan a dû se trouver dans quelques-unes des anciennes copies de la Bible hébraïque. Aux autorités que j'ai citées on oppose la version de Jérôme, les traditions rabbiniques et l'état actuel du texte hébreu. — L'autorité de Jérôme peut être mesurée sur celle du juif de Tibériade qui lui enseigna l'hébreu. — Les « maîtres en Israël » ne sont pas d'accord entre eux sur la chronologie de la Bible, l'âge du monde étant de 5571 ans selon le Seder Olam Rabba ; de 6179 ans selon le Seder Olam Sutha ; de 5878 ans selon Maimonides ; de 5574 ans selon Gersom ; et d'environ 6000 ans selon les juifs d'Asie. — Quant à l'état actuel du texte hébreu, on peut le supposer à peu près le même que du temps des Massorètes, et accorder qu'il ne s'éloigne pas davantage de l'intégrité absolue; mais la suppression de ces mots [*filius*] *centum annorum,* aura sans doute paru très-permise aux copistes, d'après la considération que tout lecteur familiarisé avec la texture elliptique de la langue des Hébreux, les suppléerait naturellement. Ceux donc qui adhèrent au texte tel qu'il est à présent, mais qui l'entendent comme je crois avoir prouvé qu'on doit l'entendre, ne compteront pas moins de 6562 ans depuis la création jusqu'au temps où nous sommes. Pour moi, je ne fais aucun scrupule d'adopter la chronologie des LXX, et de reconnaître une période de 7210 ans depuis la création du monde jusqu'à l'an 1820 de l'ère chrétienne. Cette période se divise ainsi : 2262 ans de la création au déluge, et 3128 ans du déluge à la naissance de J.-C.

Mes lecteurs verront par la suite qu'il m'était indispensable d'émettre mon opinion en fait de chronologie. Plusieurs traditions orientales dont il serait difficile de justifier le rejet, peuvent se concilier avec la chronologie mosaïque, lorsqu'on prend les LXX pour guides ; et divers monumens de l'antique Égypte sont susceptibles d'une explication conforme à la même chronologie, si l'on accorde que Josephe la connaissait au moins aussi bien que nous.

II. C'est une opinion générale parmi les savans de nos jours, que les bornes des connaissances humaines étaient extrêmement resserrées avant les trois ou quatre derniers siècles. L'imprimerie a sans doute favorisé d'une manière extraordinaire les progrès des sciences et les recherches des savans; mais il y a lieu de soupçonner que les acquisitions des modernes ont été l'objet d'une admiration trop partiale et trop pleine de complaisance. Celui dont l'occupation consiste à ajouter quelque chose à la masse déjà si imposante des connaissances humaines, se persuade aisément qu'il n'y a jamais rien eu de tel auparavant. Il sourit de pitié lorsqu'on lui donne à entendre que les Égyptiens, les Chaldéens ou les Indous ont pu faire en deux mille ans autant ou presque autant que les modernes en deux siècles. Il cite les Grecs et triomphe du peu de connaissances positives qu'ils avaient acquises, avec toute leur éloquence et toute leur sagacité; *Ils* nous ont appris ce que savaient les *Barbares*, dit-il; et, partant de ce fait supposé comme d'une vérité incontestable, le physicien moderne n'a pas de peine à faire ressortir l'ignorance des uns et des autres.

Il est cependant très-permis de douter que

les Grecs fussent en état de nous transmettre les connaissances auxquelles les orientaux s'étaient élevés. Leur science propre était extrêmement bornée. Lorsqu'ils essayèrent d'expliquer les systèmes des Chaldéens et des Égyptiens, la gloire de ces nations était depuis longtems évanouie. Ecrasées sous le sceptre de fer des despotes persans, les sciences ne florissaient plus, et les prêtres de Thèbes et de Babylone ne se disputaient plus la palme du génie. Les savans d'alors n'étaient guère capables d'exposer aux Grecs les systèmes scientifiques de leurs ancêtres. Thalès et Pythagore furent les derniers philosophes grecs qui visitèrent la Chaldée et l'Egypte avant l'invasion des Perses. La guerre que Cambyse porta dans ces deux contrées fut provoquée par le fanatisme autant que par l'ambition; et ce prince, le premier iconoclaste dont l'histoire profane fasse mention, persécuta les sciences et les savans par le même esprit d'intolérance qui le porta à ravager les temples et à mutiler les images des Dieux.

Non seulement les Grecs étaient peu instruits dans les sciences, mais ils vivaient en général dans une ignorance profonde des idiomes de l'Orient. Dans tout le cours de mes lectures classiques, je ne me souviens pas d'avoir vu un seul mot oriental correctement écrit par un auteur grec. Est-ce donc sur les rapports inexacts des Grecs que nous devons juger du savoir des Chaldéens et des Égyptiens? Pythagore n'a rien laissé par écrit; mais, à en juger par ce que ses disciples ont proclamé, ce philosophe paraît avoir acquis la connaissance de quelques grandes vérités générales; là-dessus, les Grecs furent assez vains et assez absurdes dans leur vanité pour croire ou au moins pour affirmer qu'à une époque où l'Europe entière était barbare, un de leurs compatriotes alla enseigner les élémens de la géométrie à ces mêmes Égyptiens qui cultivaient les sciences exactes depuis plus de mille ans. A les en croire, ce fut Pythagore qui inventa le théorême relatif au carré de l'hypothénuse! —— Voilà pourtant les hommes sur le témoignage desquels les modernes croient prouver l'ignorance des orientaux.

Supposons que dans 20 ou 30 siècles d'ici notre Europe soit réduite à cet état de dégradation où nous voyons aujourd'hui l'Égypte, et que dans le même intervalle les insulaires de l'Océan pacifique aient rallumé le flambeau des sciences; supposons encore que parmi leurs anciens monumens et leurs livres poudreux, ces insulaires rencontrent des fragmens de science européenne mal entendus et défigurés par leurs ancêtres ; — ne pourra-t-il pas arriver qu'un futur De Lambre se récrie alors sur les erreurs et l'ignorance de l'illustre astronome qui porte aujourd'hui ce nom? Les méprises de ses commentateurs lui seront imputées, et il arrivera peut-être (mais sans doute dans bien des siècles) que quelque philosophe de l'Asie australe, en écrivant une histoire de l'astronomie, parlera des découvertes scientifiques des Européens avec autant de mépris que De Lambre en a versé sur les travaux des Égyptiens et des Asiatiques. Combien sont incertaines et vacillantes les bases sur lesquelles l'esprit humain bâtit l'édifice de sa gloire! combien sont trompeurs les calculs par lesquels le pouvoir et la grandeur ont pensé perpétuer sa durée! Croirons-nous que la main qui a creusé l'abîme où se sont engloutis tant d'empires est aujourd'hui paralysée? Devons-nous espérer que la sagesse et le savoir de la génération présente se transmettront à la postérité la plus reculée? que le temps épargnera ce que le temps a produit, ou que Saturne cessera de dévorer ses enfans? Les lois de la nature ne nous font voir que trop clairement que le principe destructeur ne saurait jamais perdre son énergie. Création, conservation, décadence, destruction et renouvellement, sont des noms que nous appliquons à ces divers états par lesquels nous voyons passer *tous* les êtres. En vain tenterons-nous d'élever dans les plaines de Sennaar une tour dont le faîte touche aux cieux et défie les injures du temps : notre œuvre aura le sort de celui des compagnons de Nemrod. La presse, dit-on, est l'instrument puissant qui fera briller à jamais les lumières des hommes ; quand cela serait vrai de nos connaissances en général, comment ose-t-on promettre le même avenir aux sciences abstraites ? Ce qui n'est compris que d'un petit nombre est toujours à la veille de n'être compris de personne ; plus une science s'approfondit et moins il y a d'hommes capables de sonder ses profondeurs. Ouvrons les volumes de Laplace, ces fruits d'une méditation persévérante ; les pages en sont couvertes de chiffres et de symboles où se déploie toute la puissance du calcul différentiel. Eh bien, ces symboles sont déjà des hiéroglyphes pour la plupart des hommes ; ils peuvent le devenir pour tous. L'art de l'imprimerie auquel l'humanité doit tant et de si grands bienfaits peut tourner à son détriment. Enchaînée par un pouvoir arbitraire, la presse peut devenir entre ses mains le plus terrible instrument de la tyrannie. Au lieu de répandre la science et avec elle la vertu, la moralité, les idées libérales, elle sera peut-être employée à pervertir, à corrompre, à asservir le monde ; ou bien, devenue la trompette de l'hydre anarchique, à prêcher la confusion, à proclamer la désolation, jusqu'à ce qu'elle périsse avec les arts, les sciences et la civilisation, sous les ruines de l'édifice social qu'elle aura aidé à renverser. L'obscurité peut de nouveau étendre ses voiles ; et le soleil de la science, après s'être couché pour l'Europe, peut se lever pour d'autres nations. Alors de nouveaux signes remplaceront les caractères alphabétiques ; de nouveaux symboles seront inventés pour abréger les travaux des calculateurs; et nos formules algébriques seront pour les futurs antiquaires du monde occidental ou austral ce que sont pour nous les hiéroglyphes des anciens Égyptiens.

La science, dans l'antique Egypte, n'était le partage que d'un petit nombre d'hommes. Les prêtres et les initiés n'étaient éclairés sur ses mystères qu'à proportion de leur élévation en grade. Il serait difficile aujourd'hui de se faire une idée juste de leur hiérarchie. Manéthon avait le rang de ἀρχιερεύς. Les prêtres d'un degré inférieur étaient appelés *Pères* ; car je ne doute pas que le mot OYHB, *sacerdos*, ne soit une de ces corruptions si fréquentes dans la langue copte où l'on trouve l'article indéfini OY, *ou*, incorporé avec les substantifs ; et que el mot égyptien HB, *ev*, ne soit le même que le mot hébreu אב, *av*, *pater*. On lit dans la Bible, que Pharaon donna pour femme à Joseph, Asenath, fille de *Polipherah*, prêtre d'On. Le mot פוטי־פרע est mal ponctué par les Massorètes ; au lieu de *Poti-pherah*, on doit lire *Potiphre*. Mais cela même est une corruption qui n'a d'égales que celles que nous rencontrons dans les versions grecques et coptes. Il y a lieu de croire que les saintes Écritures ont souffert quelquefois de l'ignorance des copistes, et quelque séduisants que soient les songes des rabbins sur l'intégrité absolue du texte hébreu, je ne saurais douter que les noms étrangers n'aient été fréquemment défigurés par les scribes juifs. Dans l'exemple qui nous occupe, il est évident que les lettres ont été mal placées. Cyrille nous apprend que *On* était un des noms du soleil; et l'on trouve ce même mot remplacé dans la version copte par ⲰⲚ ⲦⲢⲀⲔⲒ, c'est-à-dire: *la ville d'On*, ce que les Grecs ont traduit littéralement par Ἡλιόπολις. Mais il était d'usage en Egypte de designer une ville ou nome, par le nom de la divinité qu'on y honorait principalement; c'est ainsi que nous trouvons des villes du nom de *Na-Isi, Na-Amoun, P'Ousiri, Schmin, Mendes,* etc. L'historien hébreu s'est donc conformé à l'usage des Egyptiens en indiquant la ville par le nom du dieu qu'on y adorait. A Héliopolis le soleil était honoré sous le nom d'*On*, mot qui signifie *luminaire.* Or il me paraît évident que l'historien sacré a écrit פיטופרע, *Pitophre* ou *Pithophre,* ce dont les copistes (qui ne savaient pas l'étymologie du mot) ont fait par inadvertance פוטיפרע, *Potiphre* ou *Pothiphre.* En égyptien, les mots ⲠⲒ-ⲦⲺⲞ-ⲪⲢⲎ *Pi-tho-phre* signifieraient *l'adorateur du soleil.* Or *Pithophre* qui est appelé כהן און, *cohen On*, (prêtre d'On), dans le texte hébreu, paraît avoir été le *Pontifex maximus* de l'Égypte. Dans le Targum il porte le titre de Prince, et dans la version copte, le mot employé pour rendre *cohen* n'est pas OYHB, *oueb*, mais ƧOHT, *Hont*. Ce dernier mot équivaut à *Grand-Prêtre*. Les prêtres immédiatement inférieurs au dignitaire appelé ΠƧOHT, *p'hont*, par les Égyptiens, paraissent avoir été ceux que le livre de l'Exode désigne sous le nom de חרטמים, *khartummim*. Dans la traduction anglaise de la Bible, ces *khartummim* sont appelés *magicians* (magiciens). Les LXX ont traduit le même mot par Μάγοι; mais il y a une grande différence entre *mages* et *magiciens*. Conséquens à leur erreur, les traducteurs anglais ont écrit, pour בלהטיהם, *with their enchantments* (avec leurs enchantemens), tandis que le sens est: *dans leurs opérations secrètes*. J'ai donné ailleurs l'étymologie suivante du mot *khartom*. « Je le dérive de חרת, *kharath* (graver), par la permutation du ת en ט. C'est ainsi que חרט, (burin), vient manifestement de חרת, (graver). Cela posé, le mot *khartom* indiquait, ce me semble, une personne chargée de diriger la gravure des hiéroglyphes sur les monumens publics; en d'autres termes, c'était un homme instruit dans les Écritures sacrées. Peut-être qu'Hérodote a voulu désigner un savant de cet ordre par le mot ἱερογραμματεὺς. » Il est assez étrange que Hyde, en citant les paroles de Daniel רב חרטמין, dérive חרטום, *khartom*, du Persan. *Hi enim*, dit-il, *etiam in Persiâ gaudent titulo* خرمند *chiradmand : hinc Chaldœi decurrendo et apocopando (quasi scriberetur* خرم*) fecerunt* חרטום, *chartom.* Le savant auteur de ce passage avait sans doute oublié que ce mot se rencontre aussi dans le livre de l'Exode, et que, si Moïse en fut l'auteur, il est difficile d'admettre qu'il ait jamais puisé dans une source persane aucun des mots qu'il y a fait entrer, si ce n'est lorsqu'il avait à citer des noms propres. De tout ce qui précède je conclus que les clefs des hiéroglyphes n'étaient confiées qu'aux prêtres de l'ordre le plus élevé, c'est-à-dire aux prêtres égyptiens appelés *Khartummim* dans le livre de l'Exode.

Dans un tel état de choses, la persécution exercée contre la classe sacerdotale par le zèle infatigable de Cambyse, dut nécessairement entraîner la décadence des sciences. Pythagore, qui visita l'Égypte avant l'invasion des Perses, revenu au milieu de ses compatriotes encore barbares, leur enseigna du moins quelques vérités dont la découverte supposait les sciences très-avancées. A une époque plus récente,

Démocrite, Platon et Eudoxe, rapportèrent dans leur pays des connaissances très-curieuses, à la vérité, mais d'un ordre beaucoup moins élevé que les théorêmes enseignés par Pythagore. On conçoit aisément que les prêtres égyptiens qui n'ignoraient pas que *science est puissance,* devaient chercher à cacher de leur mieux tout ce qu'ils avaient perdu de l'une et de l'autre. Ce fut d'après ce principe qu'ils firent semblant de lire leurs anciennes archives à Hérodote, lequel n'avait pas l'intelligence de leurs textes, comme le prouve évidemment la manière dont il a transcrit ou traduit le petit nombre de mots égyptiens qu'on rencontre dans son histoire. Ce fut par le même motif qu'ils révélèrent à Platon et à Eudoxe la longueur de l'année solaire, dont ils faisaient un secret lorsque l'Égypte était indépendante, si l'on en juge par le serment qu'ils exigeaient de leurs anciens rois. Enfin lorsque les Grecs se furent emparés du gouvernement de l'Égypte après l'expulsion des Perses, il paraît que les prêtres communiquèrent volontiers à leurs nouveaux maîtres les connaissances qui leur restaient. Une école de mathématiques et d'astronomie fut ouverte à Alexandrie, et les Grecs de cette ville ne tardèrent pas à éclipser leurs prédécesseurs de la mère patrie dans la carrière des sciences exactes ; cependant ni les Grecs, ni les Égyptiens n'approchèrent de cette perfection astronomique à laquelle s'étaient élevés les ancêtres de ces derniers. Ce n'était pas tout ; sans doute les Grecs furent curieux d'apprendre le secret des hiéroglyphes, et les prêtres de l'Égypte ne voulurent point avouer à leurs maîtres qu'ils avaient perdu les clefs de ces mystérieux symboles. Il est possible qu'ils comprissent encore le sens des hiéroglyphes kyriologiques et qu'ils eussent conservé l'usage des caractères épistolaires ; mais quant aux signes tropicaux, énigmatiques et allégoriques, je ne saurais admettre qu'ils en connussent le sens, et il me paraît assez probable qu'ils en imposèrent souvent à la prompte crédulité des Grecs. Ils choisirent quelques symboles pour désigner leurs nouveaux monarques et leurs reines ; ils placèrent entre des lignes parallèles, ou renfermèrent dans des cadres circulaires, quadrilatères, ou elliptiques, les emblêmes de leurs nouvelles divinités ; et Ptolémée et Bérénice ayant reçu les honneurs de l'apothéose, purent voir leurs hiéroglyphes annexés, quelquefois peut-être substitués à ceux d'Osiris et d'Isis. De longues inscriptions adulatrices furent destinées à rappeler les titres et les vertus des Ptolémées ; et ces divinités, ainsi qu'on les appelait, promulguèrent leurs décrets, non seulement en lettres grecques et égyptiennes, mais même en hiéroglyphes symboliques et tropicaux. Or il est plus que probable que les Egyptiens usèrent de fraude dans les occasions de cette espèce, et cachèrent leur ignorance sous des symboles devenus mystérieux pour eux-mêmes ; d'un autre côté, on ne saurait s'empêcher de soupçonner que les Grecs se prêtèrent quelquefois sciemment à des impostures dont la flatterie tirait un si grand parti. — Les Ptolémées dédaignèrent, à l'exemple d'Alexandre, l'humble condition d'hommes. Euhemerus, voulant complaire aux successeurs du conquérant macédonien, fit un livre pour prouver que toutes les divinités du paganisme étaient des hommes que l'on avait déifiés à leur mort ; et cette hypothèse, inadmissible, insoutenable, fut chaudement accueillie et chaudement défendue par les serviles courtisans d'Alexandrie. Le Grand-Prêtre Manéthon composa une histoire d'Egypte où tous les dieux honorés dans ce pays figuraient dans la liste de ses rois, au mépris du témoignage respectable d'Hérodote. Cette histoire fut faite à l'usage de Ptolémée Philadelphe ; et Manéthon prétendit qu'il l'avait extraite des volumes de Thoth, dont il portait gravement le nombre à 36,000. Les hiéroglyphes furent sans doute d'un grand secours aux fabricateurs de ces impostures ; car il était aisé d'enseigner aux Grecs à copier les antiques symboles, et encore plus aisé de les interpréter selon les circonstances.

Quand on compare les récits d'Hérodote avec ceux de Manéthon et de l'auteur de l'ouvrage connu sous le nom d'*Ancienne Chronique*, puis avec ceux de Diodore de Sicile et de Plutarque, on ne peut manquer de se convaincre que les prêtres forgèrent des archives dans l'intervalle de temps compris entre l'invasion des Perses et l'époque à laquelle Hérodote visita l'Égypte. Le père de l'histoire grecque commence par le détail des événemens qui eurent lieu en Égypte, conformément aux archives dont la lecture lui avait été faite ; et il raconte les fables les plus absurdes et les plus surprenantes avec un sérieux et une simplicité qui lui sont propres. Mais, comme je l'ai déjà observé, Hérodote n'a sans doute connu que très-imparfaitement la langue égyptienne. Jamais il n'écrit correctement les noms qu'il prend dans cette langue. Ainsi du mot égyptien ⲙⲤⲀϩ *amsah*, qui signifie *crocodile*, l'historien grec fait Χάμψα ; — Il nous dit que le mot *piromis* signifie καλὸς κ'ἀγαθός ; or ce *piromis* ne saurait être que ⲠⲒ-ⲢⲰⲘⲒ *pi-romi*, ὁ ἀνήρ. Il est évident que ni Hécatée ni Hérodote n'ont compris ce que les prêtres dirent au premier selon le rapport du second. En montrant successivement chaque image, les prêtres purent prononcer le mot *Pi-romi*, [homo] ; et cette explication rend leur argument intelligible. Les autres écrivains que j'ai cités contredisent tous Hérodote, rejettent ses fables et y en substituent d'autres. Parmi ces derniers on n'en trouve pas deux qui soient d'accord ; mais tous affirment qu'ils ont puisé leurs histoire dans les annales ou dans les traditions conservées par les prêtres d'Egypte.

A l'appui des remarques que je viens de faire, j'ajouterai qu'Hérodote visita l'Egypte environ 65 ans après l'invasion des Perses, durant un de ces courts intervalles d'émancipation, qui ne duraient que le tems nécessaire pour rendre le joug étranger plus douloureux lorsqu'il revenait à peser sur la malheureuse Egypte. Il règne un peu d'obscurité relativement à l'époque de la persécution exercée sur les Egyptiens, attendu que les écrivains sacrés attribuent à Nabuchodonosor les cruautés qui furent commises par Cambyse au rapport des historiens grecs.

Mais il est étrange que l'identité du personnage désigné sous ces deux noms ne se soit pas présentée à l'esprit du plus grand nombre des critiques et des commentateurs comme une chose possible et même très-probable. Cambyse est un nom que les Grecs ont dû former selon leur méthode par une altération complète de quelque titre appartenant au monarque qu'ils voulaient désigner; car il ne ressemble à aucun nom persan, et n'aurait jamais été reconnu comme tel par une oreille persane. Mais il est très-possible que le fils de Kosrau, du roi que nous appelons Cyrus à l'exemple des Grecs, ait pris divers titres selon l'usage de l'orient, et entre autres, celui qu'avait porté le grand roi de Babylone qui fut l'avant-dernier de sa dynastie. En effet Nabuchodonosor, ou plus exactement *Nebo-Khod-n-Assar,* est un assemblage de noms divins. ܢܒܘ, *Nebo,* était le nom syriaque du Dieu appelé *Anubi* par les Egyptiens;

خدا, *Khoda*, est le mot persan qui signifie Dieu; l'*n* qui précède *Assar* est épenthétique, et ce dernier nom est pris du persan آذر, *Azer*, et désignait la divinité qui préside à la planète Mars. Or il est possible que le prince appelé Cambyse par les Grecs ait été connu des Juifs sous le nom formé de l'assemblage de ces noms divers, dont l'orthographe et l'articulation n'étaient pas susceptibles d'être rendues en grec. Conformément aux historiens sacrés, la désolation de l'Egypte dura quarante ans consécutifs; et selon les historiens grecs, l'oppression et les cruautés exercées sur les Egyptiens par Cambyse et par ses successeurs durèrent au moins trente-neuf ans, sans aucun relâche. Il paraît clair d'après cette coïncidence que les écrivains hébreux et grecs ont parlé de la même persécution; et, attendu que Cambyse était roi de Babylone ainsi que d'Iran, la différence des noms ne doit pas nous empêcher de croire à l'identité de la personne.

Hérodote ne s'est point étendu sur les maux que les Egyptiens eurent à souffrir sous le joug des Persans; mais nous savons, par d'autres témoignages authentiques, que l'Egypte dut offrir à cet historien une scène continue de ruine et de désolation. Une remarque échappée de la plume d'Hérodote prouve qu'il sentait combien ce pays était déchu de son ancienne splendeur : il dit qu'au temps heureux d'Amasis, l'Egypte comptait 20,000 cités populeuses; or, Amasis mourut deux ans avant l'invasion des Perses et 67 ans seulement avant l'époque du voyage d'Hérodote. N'est-il pas évident que cet historien savait combien le pays qu'il avait sous les yeux contrastait avec l'antique Egypte? Strabon dit expressément que presque tous les temples de Thèbes furent détruits par Cambyse, et que de son temps, cette ville, jadis si splendide et si opulente, était occupée par des villageois. En parlant de Memphis, le même écrivain impute encore à Cambyse la destruction du temple de Vulcain et des Cabires. Selon Diodore de Sicile, Cambyse non seulement brûla, démolit, ou ravagea les temples, les tombeaux et les images des Dieux, mais dépouilla l'Egypte de tous ses trésors. D'après un fragment du dixième livre de Diodore, il paraît qu'en préparant une expédition pour brûler le temple de Jupiter Ammon, Cambyse ordonna à ses généraux de réduire en esclavage tous ceux qui demeuraient autour du temple, désignation qui ne peut s'appliquer qu'au collége nombreux des prêtres qui habitaient l'oasis. Hérodote dit à peu près la même chose. Selon cet historien le tyran de l'Egypte fit mourir les principaux citoyens de Memphis, et fouetter publiquement les prêtres. Mais ceux-ci cachèrent probablement au voyageur grec la persécution à laquelle leur ordre avait été en proie, ainsi que l'état de dégradation où ils avaient été réduits. Déjà s'était accomplie la prédiction du prophète Isaïe. — « Et je livrerai les Egyptiens aux mains d'un cruel seigneur, et au gouvernement d'un roi terrible. » — « Certes les Princes de Zoan sont des fous, le conseil des sages conseillers de Pharaon est abruti » — « où sont-ils? où sont tes sages? » Dans les prophéties d'Ezéchiel on trouve les passages suivans : — « Je ferai de la terre d'Egypte un désert et un lieu de désolation depuis la tour de Syene jusqu'aux confins de l'Ethiopie » (lisez Cush, ou l'Arabie). « Voici ce que dit le Seigneur Dieu : Je détruirai aussi les idoles, et je ferai disparaître leurs images de Noph; et il n'y aura plus de prince de la terre d'Egypte. » — « Je désolerai Pathros, je mettrai le feu dans Zoan, et je ferai justice de No. Et je déchargerai ma colère sur Sin, la force de l'Egypte, et j'exterminerai le peuble de No. Je mettrai le feu en Egypte ; Sin souffrira un grand travail; No sera dérichée ; et Noph essuiera tous les jours de nouvelles calamités. Les jeunes hommes d'Aven (*lisez* On) et de Phi-beseth tomberont sous l'épée ; et ceux-là (qui ne périront pas) iront en captivité. A Tephaphnehes, le jour sera obscurci, lorsque j'y briserai les sceptres de l'Egypte; et la pompe de sa force cessera en ses murs ; pour elle, un nuage la couvrira et ses filles iront en captivité.» — « Au bout de quarante ans je recueillerai les Egyptiens d'avec le peuple où ils furent dispersés et je ramènerai les captifs Egyptiens, et les ferai rentrer dans la terre de Pathros, dans la terre de leur habitation, et ils y formeront un misérable royaume. Ce sera le plus misérable des royaumes; et il ne s'élèvera plus au-dessus des nations.»

Après cet exposé des témoignages rendus par les écrivains grecs et hébreux, je laisse à juger s'il y a lieu de croire que les prêtres d'Egypte eussent encore, au temps d'Hérodote, les connaissances auxquelles s'étaient élevés leurs prédécesseurs. Or, comme Hérodote est le plus ancien des auteurs grecs parvenus jusque à nous, qui aient parlé des Egyptiens, si l'on en excepte

Homère en quelques endroits, on peut, ce me semble, révoquer en doute les explications que des écrivains plus modernes ont prétendu nous donner des opinions philosophiques des anciens sages de l'Egypte, ainsi que l'estimation qu'ils ont faite de l'étendue de leurs connaissances. Je ne veux pas dire que les sciences aient été complètement éteintes par suite de l'invasion des Perses ; mais lorsqu'après la spoliation de l'Egypte ses habitans tremblaient pour leurs vies, lorsque les temples étaient ou détruits ou dégradés, lorsque les dépositaires des sciences étaient exposés à l'ignominie, au fouet, aux massacres, on ne saurait admettre que les sciences fleurissent comme aux jours de paix et de prospérité. Les efforts des Egyptiens pour secouer le joug des Perses, prouvent à la fois l'excès de leurs maux, leur désespoir et leur faiblesse. — Cambyse conquit l'Egypte en l'an 4189 de la période Julienne. Au bout de 39 ans, les Egyptiens se révoltèrent ; mais deux ans après ils furent contraints, selon Hérodote (l. VII.), de se soumettre à leurs tyrans. Sous le règne d'Artaxerce, environ 21 ans après leur premier effort vers l'émancipation, ils prirent de nouveau les armes, selon Diodore de Sicile, et repoussèrent les Persans en Asie ; mais au bout de 5 ans, ils se virent obligés de recevoir la loi d'un satrape persan. Après un intervalle de 80 ans, ils se soulevèrent une troisième fois, et avec plus de succès ; car ils résistèrent à toutes les forces dirigées contre eux par le Grand-Roi durant une période de 25 ans. A la fin cependant ils furent réduits, et leur pays continua de former une province de l'empire des Perses pendant 18 ans, après quoi il se soumit aux armes du conquérant Macédonien.

Mais, dira-t-on, si les Grecs étaient incapables d'apprécier ou d'exposer les connaissances acquises par les Egyptiens et les Chaldéens des premiers temps, et si d'ailleurs aucun des philosophes ou historiens grecs dont les ouvrages nous sont parvenus, n'a visité l'Egypte et la Chaldée avant l'asservissement de ces contrées, sur quelle raison plausible attribuerez-vous des connaissances si relevées aux *Khasdahin* et aux *Khartummim* qui enseignaient leur philosophie sur les bords de l'Euphrate et du Nil à un petit nombre de disciples choisis ? Il est incontestable que la science des prêtres ne fut jamais révélée au public, et qu'aucun peuple ne fut jamais livré à une ignorance plus profonde, à des superstitions plus grossières que les Egyptiens et les Chaldéens. Sur quels fondemens établirez-vous la sagesse et la science des prêtres ? Retirés au fond de leurs sacrés colléges, uniquement occupés en apparence des mystères d'une obscure mythologie, n'est-il pas plus probable qu'ils se livraient à l'indolence, et aux visions superstitieuses d'une imagination déréglée, qu'à l'étude de la philosophie ? Bien inférieurs aux Grecs dans les beaux arts, ils ne paraissent pas les avoir jamais surpassés dans les sciences exactes.

Il seroit facile d'amplifier cette déclamation contre la supériorité scientifique des Chaldéens et des Egyptiens. Cependant on peut inférer de quelques aveux fréquemment échappés aux Grecs eux-mêmes, que les premiers avaient plus approfondi que ceux-ci les sciences mathématiques ; on peut tirer la même conséquence des voyages que firent à Memphis et même à Babylone les philosophes les plus distingués de la Grèce pour y étudier la géométrie et l'astronomie ; enfin, et cette preuve est la plus forte, on peut fonder la supériorité des savans de l'Egypte et de la Chaldée sur les fragmens scientifiques recueillis en partie par Thalès, Pythagore et Démocrite, fragmens qui paraissent avoir appartenu à un système autrefois très-vaste. La difficulté est de déterminer d'une manière péremptoire l'époque, le lieu, l'auteur de ce système. Quoi qu'il en soit, c'est un fait indubitable qu'il y a eu dans les temps anciens des mathématiciens et des astronomes qui savaient que le soleil est au centre de notre système planétaire, et que la terre, planète elle-même, tourne autour du soleil ; qui calculaient, ou, comme nous, essayaient de calculer le retour des comètes, et qui savaient que ces corps se meuvent dans des orbites elliptiques immensément alongés, ayant le soleil à l'un de leurs foyers ; — qui assignaient le nombre d'années solaires contenues dans le grand cycle en multipliant une période de 180 ans (appelée *ven*, dans le Zend, *van* en Sanskrit et *phen* en Chinois) par une autre période de 144 ans ; — qui, ayant mesuré la distance de la terre au soleil, la trouvèrent de 800,000,000 de stades olympiques, et qui par conséquent ont dû prendre la parallaxe de cet astre par une méthode peu inférieure en exactitude à celle qui est en usage parmi les modernes ; — qui ont sans doute donné quelque chose de plus qu'un simple aperçu lorsqu'ils ont fixé à 59 demidiamètres terrestres la distance de la lune à la terre ; — qui avaient mesuré la circonférence de notre globe avec tant d'exactitude, que leur calcul ne diffère que de quelques pieds de celui des géomètres modernes ; — qui pensaient que la lune et les autres planètes sont des mondes comme le nôtre, et que la lune est accidentée de montagnes, de vallées et de mers ; — qui affirmaient l'existence d'une planète au-delà de l'orbite de Saturne ; — qui comptaient en tout seize planètes ; — et qui calculaient la longueur de l'année tropique à trois minutes près du temps vrai, ou même avec une exactitude parfaite, si l'on admet une tradition conservée par Plutarque. Toutes les autorités sur lesquelles ces assertions se fondent sont produites dans mon Essai sur la science des Egyptiens et des Chaldéens ; en conséquence, je crois inutile de les rapporter ici. Dans le même Essai, chap. 1 et 9, j'ai fait voir que l'on peut regarder comme presque certain que l'usage du télescope et du microscope a été connu des anciens astronomes de l'Egypte et de l'Orient ; et, au chap. 9, j'ai cité un auteur grec qui décrit ces instrumens d'une manière très-distincte ; mais dans des pays où la science n'était le partage que d'un très-petit nombre d'hommes qui cachaient soigneusement leurs découvertes au vulgaire, on concevra sans peine que le peuple ne sût rien ou presque rien de l'art qui consiste à suppléer par des verres à la faiblesse de nos organes visuels.

Les fragmens que j'ai rassemblés ici étaient, je l'avoue, étrangement disséminés; mais, ainsi que l'on établit l'existence d'un poète sur les *disjecta membra,* on peut établir celle d'un système sur des fragmens épars. Si, en traversant le désert, vous rencontrez ici un ressort de montre, là une aiguille, plus loin des morceaux d'un cadran, vous ne douterez pas qu'autrefois, dans ce désert, quelqu'un n'ait possédé une montre toute entière.

Ceux qui rejettent la chronologie mosaïque ne trouveront rien dans mon hypothèse d'incompatible avec les probabilités. *Ceux-là* n'ont pas de raison pour nier que la civilisation ait commencé dans l'Inde, la Chaldée et l'Egypte il y a dix mille ans ou vingt mille ans; cela posé, la vanité des modernes ne saurait-elle admettre que les Egyptiens et les Asiatiques ont pu acquérir dans l'espace d'un ou deux cents siècles autant de connaissances que les Européens en trois ou quatre cents ans?

Ce n'est donc que des avocats de la chronologie mosaïque que je puis attendre des objections raisonnables. En effet, si ceux-ci ne veulent pas se départir de la version littérale du texte hébreu tel qu'il est maintenant, je dois les laisser débattre avec les rabbins leur système de chronologie ; mais, quant à ceux qui admettent la chronologie des Septante, ou seulement qui ne considèrent point comme rigoureusement obligatoire l'adhésion implicite à la chronologie reçue, j'espère leur démontrer que mon hypothèse, loin d'être contraire à l'Ecriture, en reçoit une pleine confirmation.

SI NOUS CROYONS, NE CROYONS PAS A DEMI. Avant le déluge, les hommes vivaient ordinairement jusqu'à l'âge de huit ou neuf cents ans. Or, il est absolument impossible que, parvenant à un âge aussi avancé, ils n'aient pas fait des progrès extraordinaires dans les sciences. Tout individu qui pouvait subsister sans le secours de ses bras, avait des siècles entiers à consacrer à l'étude, et sans doute il se trouvait dans le monde primitif, ainsi que dans le monde actuel, un grand nombre d'hommes à l'abri du besoin. Le compte très-abrégé que la Genèse nous rend des antédiluviens nous apprend que la musique était cultivée, et que des instrumens de musique avaient été inventés avant le déluge. Cette circonstance suppose un certain dégré de civilisation. Il n'y a donc rien d'improbable dans le fait énoncé par Josephe, «que les descendans de Seth étaient d'habiles astronomes.» Le même écrivain paraît leur attribuer l'invention du *Néros,* cycle dont Cassini a montré l'excellence.

Les Juifs, les Syriens et les Arabes, ont une multitude de traditions touchant les connaissances astronomiques des antédiluviens, et, en particulier, d'Adam, de Seth, d'Enoch, et de Cham. Origène nous apprend qu'il était dit, dans le livre d'Enoch, que les astres avaient été divisés en constellations, et que ces constellations avaient déjà reçu des noms du temps de ce patriarche. Les Arabes disent qu'ils ont donné à Enoch le surnom d'*Edris* à cause de sa science. Hottinger a traduit un passage de Beidawy qui commence ainsi : — *Enoch dictus Edris propter multiplex studium.* En citant l'original, Hottinger a sûrement écrit بِدَلَّة au lieu de بَدَلِّ Le même. Hottinger cite le passage suivant tiré d'Eusèbe : τοῦ δὲ τὸν πρῶτον παρ' Ἑβραιοὺς μῆνα περὶ ἰσημερίαν εἶναι παραστατικά, καὶ τὰ ἐν τῷ Ἐνὸχ μαθηματικά.

Kircher cite un Rabbin dont il traduit ainsi les paroles : — *Dicunt Rabbini nostri, quod Cham filius Noë didicit artes et scientias à filiis Kaïn, easque scripsit in tabulis œneis, tradiditque posteris post diluvium.* Ce passage d'hébreu rabbinique למד חכמת השמים ומדעת הטבע, ne doit pas être rendu par *didicit artes et scientias,* mais de la manière suivante : *didicit sapientiam cœlorum et scientiam annuli.* Le sens en est clair : Cham ou Kham avait appris des descendans de Caïn la science de l'astronomie et de l'anneau, c'est-à-dire du cercle zodiacal. Si ces autorités n'étaient pas suffisantes, il serait aisé d'en augmenter le nombre.

Selon Josephe, une des raisons pour lesquelles Dieu donna une si longue vie aux antédiluviens, était de leur laisser le tems de cultiver la géométrie et l'astronomie ; car, ajoute-t-il, ils n'auraient pas pu faire leurs prédictions s'ils n'avaient vécu au moins 600 ans, espace égal à la période de la grande année. Ces prédictions étaient donc probablement des prédictions astronomiques, sur lesquelles il est à regretter que l'antiquaire juif ne se soit pas étendu davantage. Mais on peut présumer, d'après ce passage de Josephe, que les antédiluviens furent les inventeurs de ce cycle de 600 ans, connu ensuite des Chaldéens sous le nom de *Ner*.

La Chronique Paschale nous apprend qu'un descendant d'Arphaxad, appelé *Andoubarios*, fut le premier qui enseigna l'astronomie aux Indiens. Or les Indiens ont eu, de tems immémorial, un cycle de 60 ans que les astronomes indous nomment la période de *Vrihaspati*, parce qu'elle comprend cinq révolutions de la planète Jupiter autour du soleil. Les Chinois, les Tartares et les Persans multiplièrent cette période par 3 et en firent leur cycle de 180 ans. Mais il serait très-difficile d'assigner le motif pour lequel les Indiens ont fait la longueur d'un cycle égale à cinq révolutions de Jupiter ; d'autant plus que leur calcul ne serait point du tout exact. On peut en dire autant des cycles de 144 ans et de 180 ans, attribués à Djemschid, cycles qui ne répondent à aucune des périodes astronomiques. Il me paraît, en conséquence, plus naturel de supposer que la période de 60 ans fut prise pour cycle, comme formant le dixième de la grande année qui se compose de 600 années solaires.

Le cercle a toujours été divisé en 6 fois 60 ou en 360 dégrés. Le zodiaque est divisé en douze portions, parce que 12 multiplié par 5 donne 60, et multiplié par 30 donne 360. Mais le soleil mettant, dans sa révolution diurne, deux heures à parcourir l'espace d'un signe, il paraîtrait plus naturel au premier abord de diviser le zodiaque en 24 signes que de le partager en 12. Sans doute le cercle zodiacal aurait pu être divisé en 24 parties chacune de 15 dégrés; mais, indépendamment d'autres raisons qui militaient pour la distribution en 12 signes, et dont nous parlerons tout-à-l'heure, le nombre 24 n'est point partie aliquote de 60; or ce nombre 60 était l'objet d'une faveur dont il nous reste à expliquer l'origine et dont nous allons d'abord faire voir tout l'empire. Les Chaldéens avaient un cycle appelé le *Saros* qui se composait d'un nombre d'années égal à 3600 ou à 60 multiplié par 60. Ils avaient aussi un cycle de 60 ans dont nous avons déjà parlé et qu'ils appelaient le *Sosos*. Les Chinois et les Tartares avaient des périodes de 60 jours. Bailli affirme que leur jour était divisé en 60 parties égales. Nous avons, jusqu'à présent, conservé cette division pour l'heure et les parties de l'heure. Bailli dit même que le cercle était originellement divisé en 60 dégrés; et alors chaque signe du zodiaque en aurait compris 5. Je crois que Platon a dit quelque part que le dodécaèdre est le symbole de l'univers. C'est une des figures à angles solides; elle est terminée par 12 pentagones réguliers et représente le nombre 60, ou 12 multiplié par 5.

Mais pourquoi la dixième partie du *Néros* fut-elle prise pour cycle, et pourquoi le produit de 60 par 6 fut-il choisi comme diviseur du cercle? J'ai déjà remarqué que l'intervalle de 60 ans ne répond dans la réalité à aucune période astronomique et que le nombre 360 ne représente ni l'année solaire, ni l'année lunaire. De plus, nous trouvons le zodiaque divisé en 12 signes, 36 décans, 72 dodécans, et 360 degrés, ainsi qu'ils sont marqués sur l'écliptique. Devons-nous croire que ces divisions ont été faites au hazard? Enfin, si nous examinons les deux *vans* orientaux de 144 et de 180 ans, nous reconnaîtrons bientôt qu'ils ne répondent à aucun cycle astronomique.

Il me semble que ces nombres ont été choisis, de manière à former un produit qui fût égal au nombre d'années compris dans quelque grande révolution sydérale. On pouvait obtenir ce produit en prenant pour multiplicande 60 ou 360, tandis que le même résultat n'était pas possible avec 600. De plus on savait peut-être que ce nombre serait divisible par 360, mais non par 365. Enfin le même nombre pouvait s'obtenir en multipliant les *vans* l'un par l'autre.

On divisa le zodiaque en douze signes, sans doute pour qu'il y eût correspondance entre cette division et celle de l'année solaire que l'on partageait en 12 mois de 30 jours chacun, en comptant à part les 5 jours complémentaires. Mais c'est un fait très-remarquable, que si l'on multiplie les 360 dégrés dans lesquels l'écliptique était divisé, par les 72 dodécans compris dans les 12 signes, on obtiendra le nombre d'années dans lequel les étoiles exécutent leur révolution entière. D'autre part le *van* 180, multiplié par le *van* 144, donnera précisément le même nombre, lequel est égal à 25920. La division du zodiaque en 72 dodécans semble indiquer que son auteur savait que les étoiles parcourent un dégré de longitude en 72 ans, et qu'en 72 fois 360 ans elles font une révolution complète. Un autre motif paraît avoir contribué à faire adopter la division du zodiaque en 12 signes de 30 dégrés chacun ; c'est que 25920 divisé par 12 donne 2160, nombre égal à celui des années que les étoiles mettent à parcourir 30 dégrés de longitude, ou la douzième partie d'un cercle. Quand je parle du mouvement des étoiles, j'entends leur mouvement apparent ou celui qui résulte de la révolution du pole de l'équateur autour du pole de l'écliptique.

Dans le cycle de 12,000 ans établi par les anciens Perses, on ne trouve que les traces d'un calcul qu'ils n'ont pas compris. Les inventeurs du zodiaque paraissent avoir fait une période de la demi révolution des étoiles autour de ce zodiaque, ou de l'espace de tems compris entre deux situations opposées des étoiles sur ce même cercle. Le nombre d'années contenu dans cette période peut s'obtenir en multipliant les dégrés de l'écliptique par les décans des signes, c.-à-d. 360 par 36; ce qui donne le nombre 12960. Il paraît que les Perses avaient entièrement perdu la connaissance du principe sur lequel ce calcul est fondé ; mais, comme le prouve clairement un passage des fragmens de Celse, ils n'ignoraient pas le mouvement des étoiles dans le sens de la longitude. Les Indiens avaient la connaissance du même fait et comptaient 24000 ans pour la grande révolution, selon M. Le Gentil. Cependant j'ai remarqué, dans le second volume des Recherches Asiatiques de Calcutta, un calcul très-ingénieux de Mr. Paterson, cité par Sir W. Jones, et duquel il résulterait qu'ils connaissaient réellement la durée du grand cycle sydéral de 25920 ans. Les observations du savant Président sur ce sujet m'ont paru si frappantes que je crois devoir les rapporter ici. « La période importante de 25920 ans résulte comme on le sait de la multiplication de 360 par 72, nombre des années pendant lesquelles une étoile fixe semble parcourir un dégré de grand cercle ; et, malgré l'assertion de M. Le Gentil, au rapport duquel les modernes Hindous croient que la révolution complète des étoiles s'exécute en 24000 ans, ce qui donnerait 54 secondes pour l'espace parcouru en un an, nous avons lieu de penser que les anciens astronomes indiens avaient fait un calcul plus exact, mais cachaient leurs connaissances au peuple sous le voile emblématique de quatorze *Menouantaras,* de 71 âges divins, de cycles complexes, et d'années de plusieurs espèces depuis celles de Brahma jusqu'à celles de Patala, c.-à-d. des régions infernales. Si nous suivons l'analogie indiquée par Menou, et si nous supposons qu'on ait donné le nom d'année à l'espace d'un jour et d'une nuit, nous n'aurons qu'à diviser le nombre d'années contenu dans un âge divin par 360, et le quotient 12000 représentera le nombre des années divines (ainsi qu'il les appelle) contenues dans un âge. Mais toute conjecture à part, comparons les deux périodes, 4320000, et 25920, nous trouverons parmi leurs diviseurs communs les nombres 6, 9, 12, etc.; 18, 36, 72, 144, etc., qui forment avec leurs différens multiples, particulièrement dans une progression décuple; quelques unes des périodes les plus célèbres des Chaldéens, des Grecs, des Tartares et même des Indiens. Une relation numérique qui ne saurait échapper à notre attention est celle qui existe entre le nombre 25920 et le nombre 432 qui paraît être la base du système indien. Le second est précisément la soixantième partie du premier; en continuant ces rapprochemens on arriverait probablement à la solution complète de l'énigme. »

J'ai présenté ailleurs quelques observations sur les périodes des anciens Perses. Il me suffira de rappeler ici que le *van* de 180 ans, multiplié par 8, forma le cycle persan de 1440; or 1440, multiplié par 18, donne le nombre d'années contenu dans le grand cycle. Remarquons en passant, comme un fait capable de piquer la curiosité, que tous les mots employés par les anciens Perses, pour désigner des divisions du tems, sont chinois ou tartares. Ce fait prouve que ces noms et ces divisions remontent à une époque extrêmement reculée, où les nations situées à l'est et à l'ouest de l'Oxus parlaient probablement la même langue, et dépendaient peut-être d'un même gouvernement.

Par tout ce que j'ai rapporté jusqu'ici, je crois avoir établi d'une manière assez évidente que la longueur du grand cycle sydéral a dû être connue dans les premiers âges du monde, et peu de tems après le déluge. Mais, eu égard à la durée ordinaire de la vie humaine, il semble très-difficile de rendre compte de cette découverte sans supposer l'existence d'un établissement astronomique régulier, et d'une série d'observations embrassant plusieurs siècles. Encore faut-il que ces observations aient été faites avec le plus grand soin pour qu'elles aient pu conduire à un résultat exact. Les Grecs d'Alexandrie se trompèrent grossièrement dans le calcul des périodes que les étoiles emploient à se mouvoir dans le sens de la longitude. Ils comptèrent un dégré pour la progression séculaire, et par conséquent 36000 ans pour la révolution complète. Ce fait prouve que le mouvement exact des étoiles dans le sens de la longitude ne peut être déterminé que par des observations faites avec la plus grande attention, et que, dans le court espace de la vie humaine, il est presque impossible de s'apercevoir d'un changement dans la position des étoiles. Nous sommes réduits, pour obtenir un résultat, à comparer nos observations avec celles des astronomes qui nous ont précédés. Mais ce même mouvement des étoiles était très-perceptible pour les antédiluviens. Seth vécut 912 ans. Ce patriarche à qui les Juifs attribuent l'invention de l'astronomie, et qui ne fut autre que le fameux Thoth des Égyptiens, comme nous le reconnaîtrons dans la suite, put facilement observer les cieux durant une période de 720 ans. Dans cet intervalle les étoiles durent se mouvoir de 10 degrés ou de la troisième partie d'un signe, quantité assez notable pour servir de base à un calcul exact.

Attribuer l'invention du zodiaque aux antédiluviens paraîtra peut-être à quelques personnes une hypothèse téméraire ou hazardée ; mais je ne saurais renoncer à cette conjecture par la seule considération de l'impression qu'elle peut faire sur ceux qui n'y auraient jamais songé auparavant. La tradition a conservé chez plusieurs nations de l'orient le souvenir de la grande habileté des astronomes antédiluviens, et la tradition est presque toujours fondée sur quelque vérité ; quand Bailli entreprit d'écrire l'histoire de l'astronomie, il trouva dès le début, certains fragmens de science qui lui prouvèrent l'existence d'un système astronomique antérieur à tous les tems historiques, si nous en exceptons ceux dont la Genèse a fait l'histoire abrégée. Ce savant et ingénieux auteur, bâtit, peut-être avec les matériaux amassés par l'érudition d'Olaus Rudbeck, un superbe échafaudage scientifique en l'honneur des anciens habitans de l'Iran et du Touran, ainsi que des nations qui demeuraient sur les rivages de la mer Caspienne, et de celles qui peuplaient les régions baignées par le Tanaïs et le Wolga. Quoique je sois entièrement de son avis quant à l'existence d'un ancien système scientifique, existence fondée sur le témoignage des plus vieux monumens littéraires de l'Asie, je ne pense pas qu'il ait démontré d'une manière incontestable que la Tartarie fut le lieu des premières institutions scientifiques postérieures au déluge. Les descendans de Noé, partant d'un centre commun, rayonnèrent sans doute dans des directions diverses. Mais durant les premiers siècles qui suivirent la terrible catastrophe du déluge, il était bien plus difficile pour les hommes de conserver le dépôt des connaissances acquises par leurs ancêtres que de faire des découvertes nouvelles. Les circonstances dans lesquelles ils se trouvèrent durent nécessairement déterminer le dégré de savoir qui leur resta ; ceux qui s'établirent dans des régions fertiles et dans des climats tempérés, furent à même de cultiver les sciences, tandis que ceux qui fixèrent leur résidence dans des contrées moins favorisées de la nature, dégénérèrent en brigands, et tombèrent dans la barbarie. Ce n'est ni sur la crête du Caucase, ni dans les déserts de la Scythie, ni dans les neiges de la Sarmatie, ni même sur les bords du Djihoun, que nous pouvons fixer d'une manière probable le berceau de la science post-diluvienne.

Si nous examinons successivement les monumens de l'Inde, de la Bactriane, de la Chaldée et de l'Égypte, nous y trouverons des débris qui paraissent avoir appartenu à un même système. Tel est entr'autres le zodiaque. Toutes les nations orientales à l'exception des seuls Chaldéens, s'accordent à diviser le zodiaque en douze signes. Or il résulte naturellement de cette conformité, qu'elles ont suivi un modèle commun, d'autant plus que les emblêmes des zodiaques égyptiens, indiens et arabes sont à peu près, sinon exactement, semblables. A qui donc attribuerons-nous l'invention du zodiaque, si ce n'est aux ancêtres communs de toutes ces nations? Les Grecs attribuaient l'invention de la sphère armillaire à Atlas, fils de Japet fils d'Uranus. Mais le Japet des Grecs n'était autre sans doute que le Japhet ou Japet des Hébreux; ainsi tous les témoignages, y compris celui des Grecs, dont on fait tant de cas, tendent à prouver que les descendans de Noé étaient versés dans l'astronomie, science qu'ils tenaient nécessairement de ce patriarche et de ses fils.

D'après ces considérations, je suis porté à croire que le groupement des étoiles en constellations, ainsi que l'invention du zodiaque, remontent à une époque antérieure au déluge. Il ne suit pas delà que tous les emblêmes zodiacaux furent religieusement conservés ; je pense au contraire que quelques uns d'entr'eux furent changés peu de tems après le déluge. Cham ou Kham et ses descendans durent se livrer à l'étude des sciences aussitôt après leur établissement sur les bords du Nil. Des branches de la même famille s'établirent en Phénicie, en Éthiopie, en Arabie, d'où elles passèrent dans l'Inde par la mer. Elles trouvèrent cette dernière contrée occupée par des descendans de Sem de la branche d'Arphaxad, lesquels avaient traversé l'Indus après avoir pris possession de l'Iran. Il paraît que Cham demeura en Égypte. Ce pays est appelé la terre de Cham (ou plutôt de Kham, car c'est ainsi que le mot חם doit être transcrit en lettres romaines) dans plusieurs endroits de l'écriture sainte. Plutarque dit que l'Égypte était anciennement appelée *Chemia;* et *Chemi* est encore le nom de la basse Égypte dans l'idiome copte. Suivant les traditions, Cham conserva quelque chose de la science antédiluvienne; et il est assez probable que ce patriarche transmit à ses descendans les connaissances qu'il tenait de ses ancêtres. Il y aurait peut-être de la témérité à affirmer que Cham fut partisan des superstitions tsabéennes ; mais au rapport du savant Maimonides, elles furent bientôt embrassées par sa posterité. Les Tsabéens (souvent et improprement appelés Zabéens, attendu que le mot original commence par un *tsàdé*) commencèrent sans doute par adorer le soleil, la lune et les étoiles, comme symboles de la divinité et de ses attributs, ainsi que les êtres spirituels que les hébreux appelloient *Melakhim*, et que nous nommons anges. Mais ce culte dégénéra bientôt en polythéisme et en idolâtrie, et il y a lieu de soupçonner que ce péché fut commun aux antédiluviens, et prit sa source avant comme après le déluge dans le culte des armées célestes. Quoi qu'il en soit, les Égyptiens ayant adopté cette religion, si toutefois un pareil culte mérite ce nom, durent naturellement choisir pour les corps célestes les noms et les symboles qui cadraient le mieux avec leurs vues et leur situation; et en conservant les anciennes divisions du zodiaque, ils changèrent probablement quelques-uns des emblêmes sous lesquels on les représentait originellement.

J'ai cru que ces observations générales ne seraient pas déplacées comme préliminaires d'une discussion spéciale touchant les zodia-

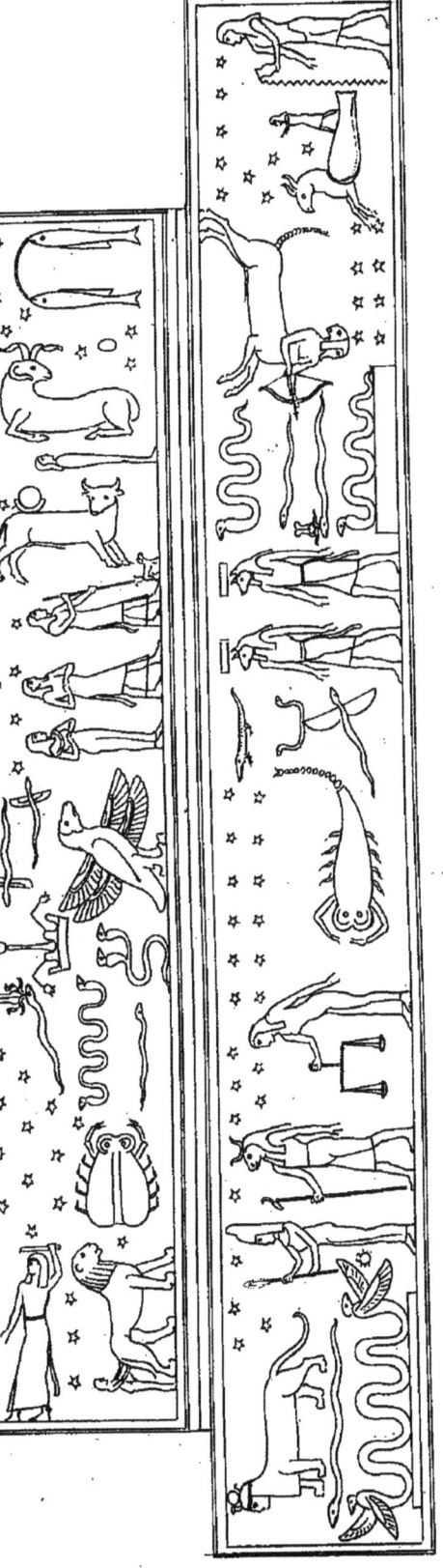

ques d'Esneh et de Denderah. Au reste, si jamais ce mémoire paraît au jour, il aura sans doute besoin de l'indulgence des savans, ayant été composé dans des circonstances peu favorables aux recherches que la nature du sujet exigeait de l'auteur.

———

Les archéologues qui placent au commencement de l'ère chrétienne la construction des zodiaques d'Esneh et de Denderah se sont fondés ou ont pu se fonder sur les considérations suivantes : — *Premièrement*, on peut conclure de l'architecture des temples et de quelques inscriptions trouvées par Mr. Bankes, que ces édifices, avec leurs planisphères et leurs hiéroglyphes, ne sont pas antérieurs de beaucoup au siècle d'Antonin le Pieux, si toutefois ils ne furent pas construits sous son règne. *Deuxièmement*, le temple d'Esneh, que l'on regarde généralement comme le plus ancien, fut dédié à Ammon, et comme Strabon dit que les habitans de cette ville adoraient Minerve et le poisson *latus*, il y a lieu de soupçonner que ce temple n'était pas encore bâti de son tems. *Troisièmement*, si l'on suppose que les zodiaques dont il s'agit ont eu pour objet de représenter l'état du ciel à une certaine époque, il est naturel de supposer qu'ils furent faits pour celle de la construction des temples. *Quatrièmement*, la date du zodiaque rectangulaire de Denderah est déterminée par cette circonstance que le signe de l'Écrevisse y est représenté sous l'emblème de deux scarabées de grosseurs différentes, dont l'un indique la partie ascendante et l'autre la partie descendante du signe. *Cinquièmement*, il n'est pas possible que l'on ait voulu représenter dans aucun de ces zodiaques le solstice d'été comme correspondant à aucun autre signe que l'Écrevisse, attendu que la Balance y est à sa place.

1. Il ne m'importe pas essentiellement de fixer la date précise de la construction des temples d'Esneh et de Denderah, vu que les zodiaques sculptés sur leurs plafonds ont pu être calqués sur des monumens plus anciens. Le témoignage de Mr Bankes semble prouver que ces temples furent construits du tems d'Adrien et d'Antonin le Pieux. Dans une lettre adressée par ce voyageur distingué à mon savant ami Mr. David Baillie, se trouvent plusieurs observations qui dénotent tout à la fois sa pénétration et le soin avec lequel il a examiné l'architecture, la sculpture et la maçonnerie de ces

ruines fameuses, et comme il ne paraît pas douter que le travail entier ne soit d'une date beaucoup plus récente que je ne l'avais pensé d'abord, je suis très-disposé à abandonner ma première opinion sur cette partie du sujet. Toutefois, les observations de Mr. Bankes peuvent donner lieu à quelques remarques. Il rapporte que les chapiteaux des plus anciennes colonnes qui soient à Thèbes et dans la Nubie ont la forme d'une cloche simple, et une ou deux autres formes ; et il ajoute que ces chapiteaux sont placés sur des fûts prismatiques ou cannelés. Les chapiteaux des colonnes d'Esneh, et particulièrement de Denderah, sont d'un travail beaucoup plus recherché, et offrent des bouquets de fleurs de lotus, entremêlés de feuillages et même de grappes de raisin et de branches de dattier. Or il est à remarquer, *premièrement,* que les Égyptiens avaient consacré à leurs différentes divinités, des fleurs, des plantes et des arbres différens, et que par conséquent les ornemens architectoniques devaient varier considérablement d'un temple à l'autre : le palmier était consacré à Isis, la vigne à Osiris, le lotus à Horus et à Harpocrates ; *deuxièmement,* que les temples d'Esneh et de Denderah peuvent être d'une date beaucoup plus récente que ceux de Thèbes, et cependant bien antérieure au temps des Césars ou même des Ptolémées ; et *troisièmement,* que si ces temples ont été construits sous les auspices des Ptolémées ou des Césars, on pourrait s'attendre à y trouver plus de ressemblance avec les modèles d'architecture que présentent la Grèce et l'Italie.

Selon Mr. Bankes, les hiéroglyphes des colonnes de ces deux temples ne sont point d'un travail ancien, et ne remonteraient, d'après les inscriptions qu'il a trouvées, qu'au temps d'Antonin le Pieux. Le style du travail est le même sur le plafond que sur les colonnes ; et par conséquent les zodiaques, qui sont sculptés en relief et peints, sont de la même date que les hiéroglyphes gravés sur les colonnes. Telles sont les conclusions de ce savant voyageur.— Mais est-il impossible que les zodiaques fussent tracés avant les hiéroglyphes ? Les temples ne pouvaient-ils pas exister depuis des siècles lorsque les Grecs y gravèrent des hiéroglyphes ? Le style des gravures qui couvrent les colonnes est-il si parfaitement identique avec celui des bas-reliefs que présentent les plafonds, que l'imitation ne puisse rendre compte de la ressemblance? Enfin ne saurait-on élever aucun doute sur la contemporanéité des constructions d'Esneh et de Denderah ?

2. Mr. Bankes observe « que le temple d'Esneh fut dédié à Ammon et qu'il ne soutiendrait pas la non-existence de cet édifice au tems de Strabon, si cet écrivain lui-même ne disait expressément que les habitans de Latopolis adoraient Minerve et le poisson *latus*. » Après avoir consulté Strabon, j'ai trouvé la citation de Mr. Bankes parfaitement exacte. Mais Mr. Bankes ne nous dit pas sur quel fondement il affirme que le temple d'Esneh était dédié à Ammon ; et tout ce que je puis supposer, c'est qu'il a conclu ce fait de l'examen des symboles et des images qui ornent l'édifice ; car je ne vois rien dans le zodiaque qui puisse autoriser cette assertion. Mais il ne faut pas confondre la Neith des Égyptiens, qui était $\mathrm{\dot{\alpha}\rho\sigma\epsilon\nu\acute{o}\theta\eta\lambda\upsilon\varsigma}$, avec l'$\mathrm{A\theta\eta\nu\tilde{\alpha}}$ des Grecs ou la Minerve des Latins ; sous beaucoup de rapports la divinité appelée Neith par les Égyptiens était la même que Phtha ou Ptha, dont le nom est souvent et improprement écrit Phthas et Pthas. Ce dieu qui était aussi $\mathrm{\dot{\alpha}\rho\sigma\epsilon\nu\acute{o}\vartheta\eta\lambda\upsilon\varsigma}$ est encore identifié avec Ammon (ou mieux Amoun) par Iamblichus ; en sorte qu'il est très-difficile aujourd'hui de distinguer Neith de

Phtha, et Phtha d'Amoun. Observons encore que Amoun et Neith présidaient tous les deux à la constellation du Bélier. — Voici ce que dit Proclus à ce sujet: κριὸν ἐκεῖνοι (οἱ Αἰγύπτιοι) διαφερόντως ἐτίμων, διά τε τὸν Ἀμμῶνὰ (lege Ἀμοῦνα) κριοπρόσωπον καθιδρυμένον, καὶ ὅτι γενέσεως ὁ κριὸς ἀρχὴ, καὶ ταχυκινητότατός ἐστιν ὡς περὶ τὸν ἰσημερινὸν καυηστερισμένον. — Le même auteur s'explique ainsi au sujet de Neith: καὶ γὰρ τῶν ζωδίων, ὁ κριὸς ἀνεῖται τῇ θεῷ, καὶ αὐτὸς ὁ ἰσημερινὸς κύκλος. D'un autre côté rappelons-nous que le mouton était consacré à Amoun dans la ville de Thèbes, et à Neith dans la ville de Saïs. Il a pu arriver que Neith et Amoun fussent adorés conjointement à Esneh; mais d'après ce que j'ai rapporté, il est très-possible que Neith ait été représentée sous la forme d'un bélier, et alors il était très-facile de la confondre avec Amoun.

3. Les remarques que j'ai faites sur la lettre de Mr. Bankes ne sont peut-être pas tout-à-fait indignes de son attention. Mais Mr. Baillie qui joint à une érudition profonde le talent de l'observation, et qui a fait un voyage en Égypte, est plus capable que moi de porter un jugement sur des restes d'architecture égyptienne, et comme ce mémoire est principalement écrit

pour lui, c'est à lui de juger le dégré d'exactitude des remarques que je me suis permises. Au reste tout en souscrivant à l'arrêt de Mr. Bankes sur l'antiquité des temples, je tâcherai de prouver que cette antiquité ne fait rien à celle des zodiaques; j'accorderai, si l'on veut, que les temples d'Esneh et de Denderah furent bâtis sous le regne d'Antonin le Pieux; mais alors je soutiens que les zodiaques construits sur les plafonds ainsi que les hiéroglyphes gravés sur les colonnes, furent copiés sur des monumens d'une date beaucoup plus ancienne, par des artistes grecs qui ne connaissaient que très-imparfaitement la signification des uns et des autres.

Les emblèmes et les figures qui se pressent autour des signes, particulièrement dans les zodiaques de Denderah, ne portent pas une physionomie grecque, et les signes eux-mêmes n'ont pas l'air d'avoir été copiés sur un modèle Grec. La Balance est distinctement figurée dans tous ces zodiaques; et les Grecs d'Alexandrie (les seuls astronomes de l'Égypte sous Antonin) remplaçaient constamment le signe en question par les Serrés du Scorpion, autant qu'on peut le savoir de nos jours. Mais à quelle époque et dans quel cas les Grecs ont-ils jamais remplacé le signe de l'Écrevisse par un scarabée ? La division du zodiaque en décans n'était point usuelle chez les Grecs, si tant est qu'ils l'aient jamais adoptée, et ils ne savaient presque rien des mythes relatifs à cette division. Toutes les figures portent le costume égyptien. Quelques-unes présentent des corps humains dont les têtes sont empruntées aux animaux sacrés de l'Égypte. Il n'y a rien de Grec dans le dessin. Quel artiste Grec aurait *imaginé* les deux figures allongées qui par une contorsion hideuse embrassent le grand zodiaque de Denderah ?

Ajoutons à ces remarques qu'il serait très-difficile de concevoir un motif pour lequel les artistes Grecs auraient construit un monument astronomique à l'usage des seuls Égyptiens, à une époque où les Égyptiens eux-mêmes étaient devenus incapables de le construire ou de le comprendre. Plus de cent ans avant le regne d'Antonin le Pieux, Strabon déplorait la décadence de la cité où Platon et Eudoxe avaient ramassé quelques lambeaux de science échappés à la vigilance destructive de la tyrannie persane. D'ailleurs, qu'est-ce que les Grecs, constructeurs supposés des temples d'Esneh et de Denderah, pouvaient comprendre aux symboles mythologiques des Égyptiens ? que savaient-ils des *Thoth* de leurs années religieuses et rurales ; des Dieux à têtes de taureau, de bélier, de chien et d'épervier, qui présidaient à certaines constellations ? Quel intérêt aurait eu pour eux la question de savoir si le lever héliaque de Sirius coïncidait ou non avec le Thoth de l'année vague des Égyptiens ? et dans quel but auraient-ils calculé que cette coïncidence avait lieu une fois dans le cours de 1460 ans ? Mais, dira-t-on, ces zodiaques furent tracés d'après des modèles fournis par les astronomes d'Alexandrie. Ptolémée ou ses disciples auraient-ils donc pris la peine de calculer des périodes dont ils ne se servaient jamais dans leurs supputations astronomiques ? L'usage de l'ancienne année civile des Égyptiens était aboli depuis long-tems, et l'année julienne l'avait remplacée en vertu des décrets de Jules César et d'Auguste. Or est-il vraisemblable que les astronomes Grecs aient construit, au mépris des loix impériales, un zodiaque représentatif de la première année d'une période sothiaque? Mais, poursuivra-t-on, il y avait en Égypte des astronomes ou au moins des astrologues qui auraient pu composer tout cela. Vettius Valens qui vivait du tems d'Adrien et d'Antonin, écrivit sur l'astrologie égyptienne, compta les mois suivant le système égyptien et avait coutume de citer les livres du Roi Necepsos. — Malheureusement pour Vettius Valens, il ne comprenait pas très-bien la langue des Égyptiens, car dans un passage extrait par Selden de l'ouvrage inédit de Vettius Valens qui se trouve, je crois, à la bibliothèque royale de Paris, cet auteur prétend que les Égyptiens appelaient la planète Mars Ἄρτην, ὅτι τῶν ἀγαθοποιῶν, καὶ τῆς ζωῆς παραιρέτης ἐστί. Cedrenus s'explique tout autrement. Suivant ce dernier, les Égyptiens appelaient la planète Mars Ἐρτωσι, et il ajoute que ce mot signifie : παντὸς γένους ζωογονίαν, καὶ πάσης οὐσίας καὶ ὕλης φύσιν καὶ δύναμιν διατακτικὴν καὶ ζωογονικήν. Ainsi donc selon Vettius, Mars s'appelait *Artès* c.-à-d. destructif de tous les bons principes et tous les germes vitaux, tandis qu'au rapport de Cedrenus la même planète s'appellait *Ertôsi* qui veut dire la vivification ou la génération universelle, ainsi que la nature et la vertu de toute substance ordonnatrice et productrice de vie. Or le mot *Artès* ne se prête à aucune étymologie satisfaisante, et il est évident que Vettius écrivit *Artès* pour *Ertôsi*, que Cedrenus a écrit correctement ; car le sens de ce dernier mot n'est pas éloigné de celui que Vettius attribue au mot *Artès* que sans doute il a forgé. *Nam* ⲈⲢ, er, *est facere*, dit Iablonski ; ⲦⲞⲤⲒ *vero*, tosi ζημίαν, *damnum significat — erit igitur* er-tosi *damnum inferens*. Ceci approche de la vérité mais n'est pas encore tout-à-fait exact. Iablonski paraît avoir pris le Ⲧ qui precede ⲞⲤⲒ pour l'article féminin ; en cela il s'est trompé. L'analogie fait voir que dans la langue copte, les noms combinés avec des verbes n'admettent point l'insertion de l'article. Le mot qui nous occupe en ce moment se décompose en ⲈⲢ-Ⲧ-ⲞⲤⲒ, *er-t-osi*. Il y a ici deux verbes : ⲈⲢ, *facere*, et Ⲧ *dare*; Ⲧ étant l'abréviation ordinaire de ⲦⲎⲒ, *dare*. Le sens littéral du mot *ertosi* est donc *faciens dare damnum*. L'explication donnée par Cedrenus est sans fondement, et les argumens de Jablonski en faveur de cette explication ne sont pas heureusement imaginés.

L'autorité de Vettius Valens n'est donc pas d'un grand poids. Celui qui affectait de citer Necepsos aurait dû connaître le nom égyptien de la planète Mars et ne pas écrire *Artès* pour *Ertosi*. Mais quelle que fût son érudition, il est difficile de croire que cet astrologue ou tout autre disciple de Necepsos et de Petosiris ait été admis à placer un zodiaque de sa façon dans un temple bâti sous les auspices d'un empereur romain, surtout lorsqu'un pareil monument pouvait rappeler aux Égyptiens l'usage de l'année qui avait été abrogée par les lois romaines. On a remarqué que ce Vettius Valens comptait les mois à l'égyptienne. Cette remarque fait voir que ce mode de supputation était alors une singularité. Je ne prétends pas nier que les Coptes n'en aient fait usage dans des tems postérieurs ; mais ce fait ne prouve rien, puisqu'il est constant que l'année vague avait été abolie du tems d'Auguste, au moins dans son application à tous les actes publics. Les Égyptiens cependant auront pu continuer de régler quelques unes de leurs fêtes sur les années vagues. Ils ne pouvaient pas ignorer qu'une nouvelle période sothiaque commençait dans l'année qui répond à la 138ème de notre ère. La tradition signalait les monumens qui avaient autrefois représenté l'état du ciel dans des circonstances semblables ; et il est très-possible que les Grecs qui bâtirent et décorèrent les temples d'Esneh et de Denderah, aient jugé à propos de copier les symboles, les hiéroglyphes et les zodiaques qu'on leur représentait comme relatifs à l'époque où ils se trouvaient, quoique peut-être ils ignorassent en quoi consistait ce rapport.

4. Mr. Hamilton a remarqué avec raison que la place du soleil au solstice d'été paraît être indiquée dans le zodiaque rectangulaire de Denderah par la séparation des deux Scarabées; mais je ne saurais lui accorder que le plus petit Scarabée signifie qu'à l'époque de la construction du zodiaque, la distance du soleil au signe du Lion était égale à $\frac{400}{2225}$ du signe de l'Écrevisse, ou que le soleil n'était plus solsticial depuis environ 400 ans. En d'autres termes, Mr. Hamilton pense qu'au solstice d'été de l'année où le zodiaque fut construit, le soleil se trouvait au vingt-quatrième dégré de l'Écrevisse, ce qui dut arriver entre le dix-septième et le dix-huitième siècles comptés d'à présent, en prenant pour base du calcul le zodiaque fixe des astronomes grecs. Mais sur quoi se fonde l'opinion de Mr. Hamilton ? C'est évidemment sur les grandeurs et les positions relatives des deux Scarabées. Il a dû prendre le rapport des grandeurs comme figuratif du rapport 24 : 6, le grand Scarabée représentant vingt-quatre dégrés, et le petit six

dégrés. Mais ce qui a sans doute échappé à la perspicacité ordinaire de Mr. Hamilton, c'est que le petit Scarabée étant tout près des Gémeaux, et le grand Scarabée tout près du Lion, il s'ensuit que le premier a dû représenter la partie ascendante du signe de l'Écrevisse, et le second la partie descendante du même signe. Si donc l'évaluation de Mr. Hamilton est juste en ce qui concerne les grandeurs relatives des deux Scarabées, il en résulte nécessairement que ce zodiaque fixe le lieu du soleil non pas au vingt-quatrième, mais bien au sixième dégré du signe de l'Écrevisse.

Le même auteur avance que le soleil étant de nos jours au premier dégré de l'Écrevisse à l'époque du solstice d'été, le colure solsticial devait être au vingt-quatrième dégré du même signe il y a environ 1800 ans. Il rapporte en conséquence la construction du zodiaque de Denderah à une époque voisine de Tibère. A cela je réponds que si la place du soleil au solstice d'été est indiquée dans ce zodiaque comme correspondant à une portion quelconque de l'Écrevisse, ce monument doit remonter à plus de 2000 ans, à moins qu'il n'ait été construit d'après un modèle grec.

Quand on parle de la position du soleil ou d'une planète dans l'écliptique, on rapporte en général cette position au zodiaque établi par les Grecs. Mais si l'on veut assigner avec exactitude le lieu du soleil dans l'un des catastérismes zodiacaux à une époque antérieure ou postérieure à la construction du zodiaque Grec, il devient indispensable d'avoir égard à la précession des équinoxes. Par exemple, Mr. Hamilton dit qu'au tems où il écrivait (il y a environ 12 ans) le soleil passait au solstice d'été de l'Écrevisse dans les Gémeaux. Cela est parfaitement exact quand on rapporte selon l'usage la position du soleil au zodiaque des Grecs; mais le fait est qu'à cette époque le colure solsticial était réellement sur le point de passer du dodécatémorion des Gémeaux dans celui du Taureau. Ainsi pour que le calcul de Mr. Hamilton fût concluant, il faudrait prouver que le zodiaque de Denderah fut construit par des astronomes qui avoient adopté l'usage du zodiaque Grec. Or il n'est rien dans le zodiaque de Denderah qui ne porte le cachet de l'Égypte et qui ne tende à prouver que ce monument fut conçu par des Égyptiens : astronomie, mythologie, symboles, goût, style, manière ; tout y est égyptien.

Mais quand même cet argument ne porterait pas la conviction dans l'esprit du lecteur, il n'en serait pas moins impossible que le zodiaque de Denderah eût été construit sur un modèle grec, d'après les bases adoptées par Mr. Hamilton. Le petit Scarabée qui succède immédiatement aux Gémeaux représente nécessairement la partie ascendante du signe, ou celle que le soleil avait parcourue avant d'arriver au solstice d'été. En conséquence il est clair que le petit Scarabée touchant aux Gémeaux doit représenter les premiers dégrés de l'Écrevisse en un nombre moindre que 15. Si nous supposons la valeur relative du petit Scarabée égale à 6 dégrés conformément à l'estimation de Mr. Hamilton, et s'il est vrai que le zodiaque de Denderah fut construit par des astronomes Grecs, alors la date de cette construction correspondra au tems où le colure solsticial coïncidait avec le sixième dégré de l'Écrevisse selon le zodiaque grec. Donc le zodiaque de Denderah fut construit dans le treizième siècle : mais cette conséquence serait absurde ; je suis donc en droit d'affirmer que l'hypothèse de Mr. Hamilton exclut celle de la construction du monument en question par des astronomes accoutumés à l'emploi du zodiaque établi par les Grecs.

Il est encore un point sur lequel mon opinion diffère de celle de Mr. Hamilton. Il me paraît qu'il s'est complètement trompé en disant que le grand scarabée est au petit comme 24 est à 6. J'estime que le rapport de ces deux figures est celui de 17 à 13, ou peut-être de 16 à 14 ; et je fixe en conséquence la date de la construction du zodiaque au temps où le colure solsticial correspondait au quatorzième degré du signe de l'Écrevisse selon le zodiaque réel. Or cette date répond à peu près à la première année de la période sothiaque dont on peut à coup sûr fixer le thoth en l'année 1322 avant J.-C.

Mr. Hamilton, qui avait vu le monument original, est le premier qui ait remarqué que la constellation de l'Ecrevisse avait été représentée dans ce zodiaque par deux scarabées, et que l'intervalle qui les sépare indiquait le lieu du soleil au solstice d'été. Sur ces points je suis entièrement de l'avis du savant auteur dont le livre est après l'Euterpe d'Hérodote le plus riche que je connaisse en détails curieux sur l'Égypte. Quant à la fixation de la date du zodiaque rectangulaire de Denderah, je crois avoir démontré que Mr. Hamilton s'est mépris.

5. M. Visconti, qui ne paraît pas s'être aperçu

que les Égyptiens représentaient la constellation de l'Écrevisse par un scarabée, quoique ce fait résulte évidemment de l'inspection des trois zodiaques que nous avons à examiner, raisonne sur une base toute autre que celle adoptée par Mr. Hamilton, et pourtant arrive à peu près aux mêmes conclusions que l'auteur anglais touchant la date du zodiaque rectangulaire de Denderah. « Le premier signe, » dit-il, « est celui du Lion ; » et toutefois il nie que le Lion puisse être solsticial. « La Balance, » ajoute-t-il, « symbole de l'équinoxe, est à sa place, » c'est-à-dire que ce signe suit celui du Lion après l'intervalle d'un seul catastérisme, ce qui ne pourrait pas arriver si le Lion était solsticial. — Le débordement du Nil est marqué par la figure d'Isis sur un bateau, accompagnée par une autre divinité, et dans l'attitude de répandre de l'eau par deux petits vases. Ces figures sont renfermées dans l'espace assigné au catastérisme de l'Écrevisse ; et l'on sait que le débordement de cette rivière arrive au commencement de l'été. Le symbole de la constellation de Sothis ou de la Canicule se trouve aussi dans le même dodécatémorion. »

M. Visconti conclut ensuite de ce que le signe

de la Balance ne se trouve point entre les serres du Scorpion, de ce que le Sagittaire est représenté sous la forme d'un centaure et de ce que la plupart des signes ressemblent à ceux des Grecs; que ce zodiaque de Denderah fut exécuté à une époque où les opinions des Grecs n'étaient pas étrangères aux Égyptiens. Enfin ce savant antiquaire est presque convaincu que ce monument fut construit quand le Thoth vague répondait au signe du Lion, « ce qui est arrivé, » dit-il, « à peu près depuis l'an 12 jusqu'à l'an 132 de l'ère vulgaire. »

Avant de répondre à M. Visconti, je dois présenter quelques observations à mes lecteurs sur l'opinion qu'il laisse entrevoir relativement à l'origine des symboles zodiacaux. Il paraît clair, que ce savant antiquaire considérait tous ces symboles comme une invention des Grecs. Or je dois m'élever encore contre cette hypothèse et répéter que les Grecs n'ont inventé ni le zodiaque ni les signes. Je ne reproduirai pas ici les raisonnemens par lesquels j'ai tâché de prouver, dans l'*OEdipus Judaïcus*, que les 12 symboles zodiacaux furent les étendards des 12 tribus d'Israel. Quelques fautes d'impression (telles que l'omission de plusieurs mots dans un endroit), et quelques erreurs qui me sont propres, se sont glissées dans ma dissertation sur ce sujet ; mais, comme cet ouvrage a fait scandale et contre mon intention et contre mon attente, je n'en parlerai plus, si ce n'est pour faire observer au lecteur que l'ouvrage n'a jamais été publié. Néanmoins, quand je vois insinuer d'une manière aussi palpable que les Grecs furent les inventeurs du zodiaque, je ne saurais me dispenser d'en appeler à l'autorité d'un écrivain sacré dont le témoignage ne sera pas révoqué en doute. Tout le monde sait que Job a nommé plusieurs constellations ; mais les traductions dans lesquelles nous lisons son histoire ne montrent pas d'une manière aussi évidente qu'il a fait mention du zodiaque. *Peux-tu faire paraître Mazzaroth en son temps ?* dit le seigneur. Or le mot מזרות *mazzaroth* signifie *le zodiaque* selon les meilleurs interprètes, et la paraphrase de ce passage est évidemment ceci : — *Peux-tu faire lever les signes du zodiaque, chacun dans le temps qui lui est propre ?* On croit généralement que le livre de Job fut écrit environ 1700 ans avant notre ère. Il y a un passage dans le quatrième chapitre du Deutéronome qui donne lieu de croire qu'au temps de Moïse, les idolâtres adoraient les planètes et les constellations sous la forme de quadrupèdes, de poissons, de reptiles, c'est-à-dire, sous les formes symboliques qui les réprésentent dans les anciens monumens dont nous nous occupons. Au quatrième livre des Rois (chap. 23. v. 5.) il est dit que Josias renversa *ceux qui brûlaient de l'encens en l'honneur de Baal, du soleil, de la lune, et des* מזלות *Mazzaloth.* Les rabbins entendent par ce mot les constellations zodiacales. Ce mot signifie proprement *fluxiones, distillationes*, (écoulemens). Or Sextus Empiricus nous apprend que les Chaldéens divisaient le zodiaque en douze maisons ou signes au moyen d'une clepsydre. Ils observaient, nous dit-il, combien il passait d'eau au travers d'une clepsydre dans l'intervalle compris entre deux levers consécutifs de la même étoile; et lorsque cette étoile reparaissait sur l'horizon, ils laissaient couler un douzième de l'eau contenue dans le vase : lorsque ce douzième s'était écoulé, ils jugeaient qu'un signe entier s'était levé sur l'horison. Ce passage confirme l'opinion des rabbins et fait voir comment le mot *mazzaloth* put être appliqué à la désignation des constellations zodiacales. Quelques commentateurs ont pensé que *mazzaroth* et *mazza-*

zoth ne sont qu'un seul et même mot, et que *mazzaroth* est une faute d'orthographe. Je ne suis pas de leur avis. *Mazzaroth* signifie *zones* et plus particulièrement *zones capitales* ou *couronnes*. (Voyez les racines אזר, נזר, etc., et observez que *mazzaroth* a plus l'air d'un mot syriaque que d'un mot hébreu.) Du temps d'Ézéchiel les murs des lieux secrets où les Juifs idolâtres adoraient les corps célestes, étaient couverts de figures qui représentaient toutes sortes d'animaux. Chacun voyait sans doute *dans les chambres consacrées à ses images*, (בחדרי משכיתו) les formes diverses qui servaient de symboles aux étoiles et aux constellations. Si nous nous reportons aux temps du premier et du second des Ptolémées, Manéthon nous apprendra non seulement que les Égyptiens avaient un zodiaque, mais qu'ils avaient déjà fait des altérations à l'ancien. Servius dit que les Égyptiens comptaient 12 constellations au zodiaque, mais que les Chaldéens, dont l'exemple fut suivi par les Grecs d'Alexandrie, n'en comptaient que 11, assignant 60 degrés au Scorpion et rejetant la Balance.

Ainsi, sans parler des raisons que l'on pourrait faire valoir en faveur des Égyptiens, il pa-

raît absolument impossible de reconnaître les
Grecs comme inventeurs du zodiaque ou des
symboles zodiacaux. Les signes du zodiaque
de Denderah ressemblent à ceux du zodiaque
grec, dit M. Visconti. Cela posé, les Grecs n'auront assurément pas copié les symboles zodiacaux des Égyptiens! Ces hommes d'un goût si
pur, ces artistes divins dont les belles conceptions et le fini précieux font l'admiration et le
désespoir des modernes, étaient les seuls qui
pussent former un centaure par la monstrueuse
combinaison d'un homme et d'un cheval! Est-
ce donc pour l'honneur des arts de la Grèce
que l'on réclame au nom des Grecs les symboles
du zodiaque? Fallait-il de l'art ou du génie pour
tracer les contours grossiers d'un taureau, d'un
bélier ou d'un lion? Le goût pouvait-il ap-
prouver, le jugement pouvait-il sanctionner
l'union d'une tête de chèvre avec une queue de
poisson? Les Égyptiens ne prétendent pas à la
supériorité dans les arts ; mais en fait de science
ils peuvent, n'en déplaise à Messieurs Montucla
et Delambre, disputer la palme aux Grecs et à
tous les peuples de l'antiquité. Sur quel fondement peut-on imaginer ou soutenir qu'ils em-
pruntèrent les symboles zodiacaux aux Grecs?

Hérodote dit positivement que de son temps les Égyptiens étaient beaucoup plus habiles que ses compatriotes dans la science de l'astronomie, et nous avons déjà vu dans quelles circonstances Hérodote visita l'Égypte. M. Visconti paraît avoir oublié les figures mythologiques et les emblêmes des décans représentés dans les zodiaques de Denderah. Au rapport d'Iamblichus, les Égyptiens divisaient le ciel en 2, 4, 12, 36 ou 72 parties. La garde de ces divisions était confiée à des démons ou génies peu connus des mythologistes de la Grece. Les Romains semblent avoir copié divers monumens zodiacaux de l'Égypte. On peut citer entr'autres le zodiaque trouvé à Rome par Bianchini et celui que présente une médaille frappée sous Adrien. Ainsi les artistes grecs d'Esneh et de Denderah n'auraient fait que suivre l'exemple de leurs maîtres en copiant les anciens monumens de l'Égypte.

« Je suis presque convaincu, » dit M. Visconti, au sujet du zodiaque rectangulaire de Denderah, « que cet ouvrage doit avoir été exécuté dans cet espace de temps dans lequel le thoth vague ou le commencement de l'année vague égyptienne, qui était aussi l'année sacerdotale, répondait au signe du Lion ; ce qui est arrivé à-peu-près depuis l'an 12 jusqu'à l'an 132 de l'ère vulgaire.» C'est d'après cette hypothèse que M. Visconti rend compte de la position du Lion en tête des signes de ce zodiaque, ainsi que de la date qu'il assigne à ce monument. Il est presque inutile de remarquer qu'il s'est mépris dans son calcul d'environ 18 ans, attendu que depuis l'an 114, le thoth de l'année vague cessa de correspondre avec le passage du soleil au signe du Lion. Mais cette correspondance n'avait duré que 122 ans environ ; or il est bien improbable que les constructeurs du zodiaque, lesquels ne pouvaient ignorer ce fait, aient placé un zodiaque qui n'aurait eu de valeur que pour 122 ans, dans un temple tel que celui de Denderah. Mais le fait est que le signe du Lion n'est pas le premier des signes du zodiaque rectangulaire. Si M. Visconti avait vu le zodiaque d'Esneh, il aurait reconnu que les Égyptiens représentaient la constellation de l'Écrevisse par un scarabée ; et il aurait probablement jugé avec Mr. Hamilton que l'intervalle qui sépare les deux scarabées marquait dans l'intention des constructeurs du zodiaque rectangulaire, la position du soleil au solstice d'été. Mais quand cela serait faux et quand le signe de l'Écrevisse serait remplacé par un épervier comme M. Visconti l'a supposé, le Lion ne serait pas encore à proprement parler le premier de tous les signes, mais seulement le premier des signes descendans. Dans le zodiaque d'Esneh, le Lion est le dernier des signes ascendans. Mais je m'abstiendrai pour le moment de répondre à cette partie du raisonnement de M. Visconti dans laquelle il allègue que le Lion ne peut être solsticial tant que la Balance est à sa place, c'est-à-dire tant que ce signe suit celui du Lion après l'intervalle d'un seul catastérisme. Je conviens avec cet auteur que le zodiaque rectangulaire de Denderah fut construit à une époque où le soleil du solstice d'été se trouvait dans l'Écrevisse ; mais il faut se rappeler que je rapporte les signes au zodiaque réel, et non au zodiaque fixe des Grecs. Les seuls argumens de quelque poids dont M. Visconti se soit servi pour prouver que le zodiaque de Denderah fut exécuté dans le premier ou le second siècle de l'ère chrétienne, s'appliquent avec une égale force au zodiaque d'Esneh.

Admettons pour un moment que le premier signe du zodiaque de Denderah soit celui du Lion, et supposons que ce signe ait été placé au premier rang pour indiquer que le thoth de l'année vague correspondait au passage du soleil dans le dodécatémorion du Lion. Tout cela posé, comment M. Visconti peut-il en conclure que le zodiaque fut exécuté entre l'an 12 et l'an 132 de l'ère chrétienne? Si quelque antiquaire lui eût dit : « Le zodiaque de Denderah est de 1460 ans plus vieux que vous ne le faites», comment M. Visconti aurait-il pu combattre son assertion? A l'une et l'autre époque, le thoth de l'année vague correspondait au passage du soleil dans le Lion. Dira-t-on que cette coïncidence ne pouvait pas avoir lieu à la plus ancienne des deux époques, parce qu'Isis, dans le dodécatémorion de l'Écrevisse, est représentée versant de l'eau de deux vases pour figurer l'inondation du Nil, qui commence au solstice d'été, et qu'il faudrait remonter à 2160 ans d'ici pour trouver le soleil dans le signe de l'Écrevisse au solstice d'été? Mais cet argument ne prouve rien, à moins que l'on admette que les Égyptiens n'avaient point de zodiaque qui leur fût propre, et avaient adopté celui des Grecs ; or cette hypothèse est absurde et insoutenable. Le fait est qu'il y a maintenant 2160 ans que le soleil quitta au solstice d'été le dodécatémorion de l'Écrevisse rapporté au zodiaque réel. Par conséquent si le Lion fut placé en tête des signes, parce que le thoth de l'année vague correspondait avec le passage du soleil dans ce signe, et s'il paraît résulter des emblèmes du zodiaque que le colure solsticial était dans l'Écrevisse, il s'ensuit que le zodiaque en question a dû être construit 1460 ans avant l'époque indiquée par M. Visconti.

Il me reste à répondre à l'argument tiré de la Balance, argument très-digne de m'arrêter, à cause de son rapport essentiel avec la date que j'assigne au zodiaque d'Esneh. Ici je vais m'engager dans un vaste champ de discussion ; chemin faisant, si je suis assez heureux pour intéresser ou pour instruire mes lecteurs, je regrèterai d'autant moins d'avoir captivé leur attention au-delà des bornes dans lesquelles je pouvais à la rigueur renfermer ce mémoire.

Je trouve dans les monumens de l'antiquité trop de témoignages qui tendent à prouver que les Tsabéens rendaient un culte au soleil dans le signe du Taureau, pour qu'il me reste un doute sur la primauté de cette constellation ; et, en prenant les Septante pour guides, je n'ai pas la moindre peine à concilier cette opinion avec la chronologie mosaïque. Je vais mettre sous les yeux de mes lecteurs un petit nombre de passages comme preuves de l'antiquité et de l'universalité du culte du Taureau ; et je citerai d'abord le taureau qu'on adorait très-anciennement à On ou Héliopolis, et que les Grecs appelaient *Mnevis*. Cyrille dit que *On* signifiait soleil chez les Égyptiens — Ὢν δέ ἐστι κατ' αὐτοὺς ὁ ἥλιος. Dans le dialecte saïdique ΟΥΟΘΙΗ signifie *lux*. On peut en conséquence présumer que le mot *On* dont la transcription hébraïque est אן et און, se prononçait *Oen* ou *Oein* chez les anciens Égyptiens, et de même que l'hébreu אור, *aor* ou *aur*, signifiait tantôt *la lumière* et tantôt *le soleil*. Le mot copte qui signifie lumière est écrit ΟΥΩΙΗΙ, *ouoini*. Iablonski a pensé que le nom de *Mnevis* était dérivé du mot copte ΟΥΟΘΙΗ, *ouoein*. *Uoein, vel oein*, dit-il, *additoque præfixo consueto* Η, *accedente novo præfixo* Μ, *nomen illud induit naturam adjectivi, potestque* ΜΝΟΘΙΗ, *commode reddi Oniensis*. Il est vrai que Μ et Η sont des préfixes nominales dans le Copte, et servent aussi quelquefois à transformer les substantifs en noms adjectifs ; mais je n'en repousse pas moins l'étymologie de Iablonski, parce que je ne trouve pas d'exemple de l'accumulation de ces deux lettres sur un même substantif devenu adjectif. Je ne crois pas que le taureau sacré ait jamais été appelé *Mnevis* par les Égyptiens. Ce mot est probablement une corruption des Grecs, lesquels n'ont jamais pu écrire et, selon les apparences, n'ont jamais pu parler ou comprendre le langage égyptien, qui n'était pas tout-à-fait aussi poli que le leur. Je suis presque convaincu que les Grecs, ayant entendu dire qu'il y avait un taureau sacré à ⲘⲀ-Ⲛ-ⲞⲨⲞⲈⲒⲚ, mots que l'on peut transcrire en caractères grecs de la manière suivante Μα-ν-ουοειν, et qui signifient le lieu du soleil *locus luminis* ou *locus solis*, en firent un seul nom appellatif du taureau sacré. La ville désignée par ces mots est celle que les Grecs eux-mêmes nommaient Héliopolis. Le mot *ma* signifie *locus*; *n* est ici le signe du génitif; et *ouoein* veut dire *lux, lumen, sol*. Cette étymologie a tout au moins le mérite d'être fondée sur les regles de la langue copte. Car voici ce que dit Woide : *Cum voce* ⲘⲀ, *locus, plurimæ voces coalescunt, et post* ⲘⲀ, *solet* Ⲛ *vel* Ⲏ *nota genitivi aut gerundii poni*. Il paraîtrait donc que des Grecs ayant entendu nommer la ville appelée en égyptien *Ma-*

nouoein, confondirent ce nom avec celui du taureau sacré qu'on y adorait, et qu'en cherchant à le gréciser ils en firent le mot *Mnevis* dont l'accusatif μνεῦϊν a quelque ressemblance avec l'original.

On sait que le taureau appelé *Mnevis* par les Grecs était consacré au soleil, tandis que le bœuf Apis était consacré au soleil et à la lune, mais plus particulièrement à ce dernier astre. Toutefois, le culte d'Apis ne paraît pas aussi ancien que celui de Mnevis ; et Plutarque a écrit « qu'au rapport de quelques-uns Mnevis était regardé comme le père d'Apis. » En effet je suis porté à croire que le culte d'Apis ne fut établi qu'après que le soleil équinoxial eut quitté le signe du Taureau. A cette époque les mythologues feignirent qu'après la mort d'Osiris son ame avait transmigré dans le corps d'Apis. On lit le passage suivant dans Diodore de Sicile : τῆς δὲ τοῦ Βοὸς τούτου τιμῆς αἰτίαν ἔνιοι φέρουσι, λέγοντες ὅτι τελευτήσαντος Ὀσίριδος, εἰς τοῦτον ἡ ψυχὴ αὐτοῦ μετέστη. Mais comme le peuple aurait eu peine à comprendre pourquoi il devait renoncer au culte de l'antique symbole de son Dieu, les prêtres continuèrent de faire adorer Osiris sous la forme d'un taureau, bien des siècles après que le soleil équinoxial avait passé dans le dodécatémorion du Bélier, et quand Amoun aurait dû devenir la principale divinité des adorateurs du soleil en Egypte.

Les taureaux sacrés de l'Égypte étaient tous figuratifs du soleil, considéré dans la constellation du Taureau. C'est ce qui fait dire à Macrobe : *Taurum ad solem referri, multiplici ratione Ægyptius cultus ostendit, vel quia apud Heliopolin taurum consecratum, quem Netiron cognominant, maxime colunt ; vel quia bos Apis in civitate Memphi solis instar accipitur ; vel quia in oppido Hermunthi magnifico Apollinis templo, consecratum soli colunt taurum Bacchin cognominantes, insignem miraculis convenientibus naturæ solis.* Ce passage fournit deux exemples curieux de la manière dont les Grecs et les Romains défiguraient les mots égyptiens ; je vais présenter quelques remarques sur ces deux exemples, quoiqu'elles m'écartent de mon sujet pour quelques instans.

Le mot *Netiron* a exercé la sagacité de tous les commentateurs qui sont enfin convenus de lire *Mnevin* au lieu de *Netiron* (l'altération est un peu forte). Iablonski lui-même le plus intrépide, s'il n'est pas le plus heureux des étymologistes, n'a fait aucun effort d'imagination en faveur de ce mot. Sans doute que Macrobe a copié les noms des taureaux sacrés dans quelque auteur grec. Quoi qu'il en soit, comme nous savons qu'Apis était un symbole du Nil, nous avons lieu de croire qu'il en était de même de Mnevis. En conséquence, le premier Grec qui demanda des renseignemens sur le taureau sacré dans la ville d'Héliopolis, put très-bien recevoir pour réponse que c'était ⲚⲦⲈ-ⲒⲀⲢⲞ, *du fleuve*, ou *appartenant au fleuve*. Or le Grec auquel cette réponse fut faite n'hésita pas à en forger le mot *Netiros*, qu'il donna ensuite comme le nom du taureau sacré.

Le mot suivant, qui a pareillement embarrassé les commentateurs, est écrit différemment dans les divers manuscrits; on l'y trouve sous ces trois formes : *Bacchin, Bacin, Pacin*. L'explication de Iablonski n'est pas très-heureuse. *Auguror Macrobium ipsum*, dit-il, *scripsisse, aut scribere saltem voluisse, Pabacin. Significat autem Pabacis, litteris Copticis scriptum* ⲠⲀⲂⲀⲔⲒ, *civicum vel urbicum, subintellige numne, id est, Deum tutelarem urbis*, *etc.* Cette étymologie est bien la plus forcée que l'on puisse imaginer ; mais je voudrais savoir comment on la peut faire concorder avec les règles de la grammaire copte. Le mot *Baki*, qui signifie *ville* et rien de plus, est féminin, et l'on ne peut pas plus dire en copte *pabaki* pour *tibaki* ou *th-baki* qu'on ne peut dire en français *le ville* pour *la ville*. Je ne doute presque point que le mot qui signifiait taureau dans l'ancienne langue égyptienne ne fût ⲀⲤⲒ, *asi*. En copte ⲂⲀⲤⲒ, *bahsi*, signifie *une vache*, et ⲘⲀⲤⲒ, *masi*, *un taureau ;* mais dans ce dernier mot l'*m* n'est probablement que l'ancienne préfixe nominale, laquelle ne fait en aucune manière partie du nom. Je pense donc que ⲠⲀⲤⲒ, *pasi* (c.-à-d. *asi* précédé du *p* qui est l'article indéfini masculin), ὁ ταῦρος, était le mot original défiguré dans le texte de Macrobe, et que *Pacin* est la meilleure des trois leçons.

Il est à peine un coin de l'Asie où l'on ne trouve pas de traces du culte du soleil sous la forme d'un taureau. En commençant par les Israélites idolâtres qui adorèrent le veau d'or près du mont Horeb, nous les voyons retomber dans la même superstition au tems de Jéroboam. C'était sous la forme d'un corps d'homme à tête de taureau que les Phéniciens et les Ammonites adoraient le soleil, lorsqu'ils le saluaient du nom de *Baal* qui signifie Seigneur, et du nom de *Moloch* qui signifie *Roi*. En Iran, dans les grottes de Mithra, le Dieu du jour était représenté monté sur un taureau. La vénération dont la vache est encore l'objet dans l'Inde n'est autre chose qu'un reste de l'ancien culte du soleil, qui paraît avoir été institué dans l'Orient quand le soleil équinoxial était dans le signe du Taureau.

L'opinion suivant laquelle le Lion aurait été jadis un signe solsticial est confirmée par quelques monumens et quelques fables de l'antiquité; or l'existence d'un signe solsticial suppose celle d'un zodiaque. Après l'explication lumineuse que Dupuis a donnée des douze travaux d'Hercule, on ne niera probablement pas que l'histoire entière ne soit une allégorie modifiée peut-être par les Grecs dans plusieurs de ses parties, mais toujours figurative du cours annuel du soleil au travers des douze constellations zodiacales. Hérodote nous apprend qu'Hercule était originairement une divinité phénicienne ; or, dans le langage de **Tyr**, *Her-cul* signifiait chaleur universelle, parce que le soleil est la source de la lumière et de la chaleur répandues dans le monde. Le premier des travaux d'Hercule fut la victoire qu'il remporta sur le Lion. Les Grecs, qui voulaient tout rapporter à leur contrée, dirent que le lion infestait le voisinage de Némée, où l'on n'avait jamais vu de lion auparavant et où l'on n'en a jamais vu depuis. Ils conviennent à la vérité que ce lion venait de Typhon, mais sans nous dire comment il fit route d'Égypte en Argolide. On pourrait écarter la difficulté en considérant que les jeux néméens se célébraient dans la saison où le soleil est dans le signe du Lion. Le peuple de Némée a pu suivre l'exemple des Égyptiens, qui célébraient une fête au solstice d'été. Il est vrai que cette hypothèse nous reporte au tems où le colure solsticial était dans le Lion, c.-à-d. à 2500 ans au moins avant l'ère chrétienne ; mais comme il est très-possible qu'une colonie égyptienne se soit établie dans l'Argolide quatre ou cinq siècles après le déluge, il ne sera pas difficile de concilier notre hypothèse avec les probabilités, pourvu qu'on ne rejette pas absolument la chronologie des LXX. Un des symboles les plus renommés chez les Perses était l'image d'une abeille entrant dans la bouche d'un lion. L'abeille était bien connue comme symbole de la royauté, et le soleil portait généralement le surnom de *Roi*, κατ' ἐξοχήν, en Orient. Le lion avec l'abeille, symbole connu vulgairement sous le nom du Lion mithriaque, représente le soleil entrant dans le signe du Lion; et ce symbole peut se rapporter à l'époque où le soleil du solstice d'été était au premier dégré du Lion. En Égypte, Horus était le symbole du soleil au solstice d'été, et des Lions portaient son trône ; ὑπὸ τὸν θρόνον τοῦ Ὥρου, dit Horapollon, λέοντας ὑποτιθέασι, etc. Ces exemples (et il serait facile d'en trouver d'autres) paraissent indiquer l'existence d'un zodiaque à l'époque où le Lion était une constellation solsticiale.

Mais dira-t-on, un zodiaque tel que celui d'Esneh, où la Balance n'est qu'à un signe de distance du Lion, ne saurait prétendre à une pareille antiquité. Afin de répondre à cette objection, il faut rechercher si les signes sont ou non symboliques des saisons déterminées par le passage du soleil au travers de ces signes.

Macrobe, qui vivait vers la fin du quatrième siècle, crut pouvoir rendre compte du choix des symboles zodiacaux. Écoutons-le raisonner, si tant est qu'il raisonne. Il commence par le Bélier : « C'est sans doute un symbole bien convenable à l'équinoxe du printems, car le bélier se couche sur le côté gauche pendant les six mois de l'hiver, et sur le côté droit pendant les six mois de l'été, tandis que le soleil pendant le même laps de tems parcourt l'hémisphère de droite et l'hémisphère de gauche. » On a peine à concevoir comment un écrivain généralement sensé a pu consigner sérieusement une pareille absurdité. J'ai déjà cité le passage relatif au Taureau. Quant aux Gémeaux, il les rattache à l'histoire de Castor et Pollux, quoiqu'il ne nomme pas ces deux frères. C'est ici le lieu de remarquer que, dans tous les zodiaques véritablement égyptiens, ainsi que dans les zodiaques indiens, cette constellation est représentée par un homme et une femme, d'où l'on peut inférer que les Grecs modifièrent ce signe en lui imposant le nom des Gémeaux. Macrobe continue ainsi : *Cancer obliquo gressu, quid aliud nisi solem ostendit? qui viam nunquam rectam, sed per illam semper meare solitus est, obliquus quà se signorum verteret ordo ; maximeque in illo signo, sol à cursu supero incipit obliquus inferiora jam petere.* Les Égyptiens représentaient cette constellation par un scarabée, et je suis porté à croire que les Indous se servaient du même symbole, si j'en juge d'après les copies de zodiaques indiens que j'ai eu occasion de voir, quoique les copistes n'aient peut-être pas très-exactement suivi leurs modèles. Les observations de Macrobe touchant le Lion sont trop longues pour que je puisse les reproduire ici, et je me bornerai à dire que je ne les trouve pas très-satisfaisantes. *Virgo autem,* dit le même auteur, *quæ manu aristam fert, quid aliud quam* δύναμις ἡλιακὴ *quæ fructibus curat?* La Vierge n'a rien de commun avec les fruits ; et l'expression de l'auteur est fort équivoque, parce qu'il donne à entendre qu'il s'agit des fruits de la terre, c.-à-d. des grains ; mais il ne pouvait pas ignorer que la Vierge est le symbole de la saison des moissons et que cette saison est bien passée dans tous les pays méridionaux lorsque le soleil entre dans le signe en question. Macrobe ne mentionne la Balance qu'à l'occasion de la vaste constellation du Scorpion dans laquelle elle est comprise : *Scorpius totius, in quo Libra est, naturam solis imaginatur; qui hyeme torpescit, et transactâ hâc, aculeum rursus erigit vi suâ, nullum naturâ damnum ex hyberno torpore perpessâ.* Mais d'après cette explication le Scorpion devrait représenter le soleil du printems et non le soleil d'automne. *Sagittarius*, continue notre auteur, *qui omnium zodiaci domiciliorum imus atque postremus est; ideò ex homine in feram per membra posteriora degenerat, quasi postremis partibus suis à superis inferiora detrusus; sagittam tamen jacit; quod indicat, tunc quoque universorum constare vitam radio solis, vel ab imâ parte venientis.* Cette explication laborieuse montre du moins l'embarras de notre écrivain. Il poursuit ainsi : — *Capricornus ab infernis partibus ad supera Solem reducens, caprœ naturam videtur imitari, quæ dum pascitur, ab imis partibus semper prominentium scopulorum alta deposcit.* Macrobe oubliait que dans ce signe le soleil ne s'élève que très-lentement et n'atteint pas une grande hauteur. Il a d'ailleurs négligé de nous dire pourquoi la chèvre a une queue de poisson. Arrivé au Verseau il se fait les questions suivantes : *Aqua-*

rius nonne ipsam vim solis ostendit ? Unde enim imber caderet in terras , nisi solis calor ad supera traheret humorem ? Cujus refusio pluvialis est copia. Il y a de l'art dans la manière dont ces questions sont posées. Macrobe savait très-bien que dans les contrées méridionales la saison la moins pluvieuse est précisément celle où le soleil est dans le Verseau. Il demande en conséquence d'où les pluies viendraient sur la terre si la chaleur du soleil n'attirait pas l'humidité ; et il insinue par là que le soleil placé dans le Verseau amasse la pluie qui doit tomber ensuite. Le symbole est alors parfaitement imaginé — *Lucus à non lucendo.* — Le Verseau représente la pluie, parce qu'il ne pleut jamais ou presque jamais tant que le soleil est dans ce signe. *In ultimo ordine zodiaci Pisces locati, quos consecravit soli non aliqua naturæ suæ imaginatio, ut cætera* — etc. Après cet aveu nous n'avons que faire d'aller plus loin. Il est visible que toutes ces explications sont forcées et ne peuvent satisfaire le jugement.

L'ingénieux auteur de l'*Histoire du ciel* adopte l'interprétation de Macrobe en ce qui concerne les signes du Capricorne et de l'Écrevisse. Mais pour la plupart des autres il a osé penser par lui-même. Il attribue l'invention du zodiaque aux descendans de Noé réunis dans les plaines de Sennaar. Il suppose que les hommes menant la vie pastorale, durent naturellement placer un bélier et un taureau dans les deux premières divisions du zodiaque ; puis, s'appuyant de l'autorité de Hyde, il dit que deux chevreaux formaient le troisième signe du zodiaque. Il était naturel à des pasteurs de prendre pour symboles du printems les agneaux, les veaux, les chevreaux, qui naissent en cette saison. Assurément cet argument est ingénieux. Mais alors nous devrions trouver dans le zodiaque un agneau et un veau nouveau-nés au lieu d'un bélier et du taureau qui sont de toutes les saisons ; or il ne paraît pas qu'il en ait jamais été ainsi. L'abbé Pluche semble avoir accordé un peu trop de confiance à l'assertion de Hyde. Ce que rapporte cet auteur relativement aux chevreaux dans son Histoire de la Religion des anciens Perses, n'est confirmé ni par les tables d'Uleg Beg ni par ses propres notes sur ces tables. Les Perses nommaient le signe des Gémeaux كردكان *ghirdeghan;* mais les opinions varient sur la signification précise de ce mot qui n'a pourtant rien de commun avec des *chevreaux*. Je n'ai jamais pu trouver aucune trace des *gemelli hœdini* de Hyde dans ce que j'ai lu jusqu'à ce jour touchant les dénominations et la distribution orientales des constellations.

L'abbé Pluche admet, conformément à l'évidence, que la Vierge est le symbole de la saison des récoltes. Mais il y a déjà long-temps que la moisson est faite dans les plaines de Sennaar lorsque le soleil entre dans le signe de la Vierge. Il dit au sujet du Scorpion. « Les maladies d'automne, lors de la retraite du soleil, ont été caractérisées par le scorpion, qui traîne après lui son dard et son venin. » Mais c'est au mois de novembre que le scorpion s'engourdit et que l'on n'a plus rien à craindre de son dard ni de son venin. « Le Verseau, » dit le même auteur, « a un rapport sensible aux pluies d'hiver. » Cela est assurément faux aux plaines de Sennaar. Je le répète : en Égypte, en Syrie, en Arabie, et dans la Chaldée, la pluie est très-rare à l'époque où le soleil se trouve dans le Verseau. La même remarque est applicable aux parties méridionales de la Grèce et de l'Italie. L'abbé Pluche dit plus loin « que les poissons liés ou pris au filet marquaient la pêche, qui est excellente aux approches du printems.» J'ignore jusqu'à quel point cette observation peut être vraie des pêcheries de l'Euphrate ; mais le σύν-δεσμος qui joint les Poissons du zodiaque ne m'aurait jamais fait penser qu'ils eussent été *pris au filet.*

Je vais maintenant développer mon opinion sur l'origine des symboles zodiacaux. Je sais que ce développement m'entraînera dans des détails très-minutieux ; mais, sans cet exposé préalable, il me serait impossible non seulement de répondre à M. Visconti en faisant voir comment le Lion peut être solsticial dans un zodiaque où « la Balance est à sa place » ; mais aussi de rendre compte des divers symboles des zodiaques d'Esneh et de Denderah. J'ai déjà dit que je regarde la construction originelle du zodiaque comme antédiluvienne, mais que je suis en même tems disposé à croire que plusieurs des symboles inventés dans le principe furent modifiés par les Égyptiens très-peu de siècles après le déluge.

Il y a de fortes raisons de croire que les Égyptiens fixèrent très-anciennement le commencement de l'année par le lever de certaines étoiles, ou plutôt, comme nous le verrons tout-à-l'heure, par le lever d'une étoile en particulier. Quelques différences se rencontrent entre les auteurs grecs, concernant ce sujet ; mais il n'est peut-être pas impossible de les concilier. Les Égyptiens avaient une année vague que l'on appelait année sacerdotale, parce que les fêtes religieuses se réglaient sur cette année dont la longueur était de 365 jours et dont le thoth changeait par conséquent tous les quatre ans. On supposa que cette année avait eu originairement pour point de départ le lever héliaque d'une étoile appelée tantôt Siris, tantôt Sothis, et tantôt l'étoile d'Isis par les Egyptiens. Mais ceux qui observaient le lever de Siri, Siris, ou comme nous l'appelons, Sirius, durent bientôt s'apercevoir que l'année de 365 jours était trop courte ; ils instituèrent en conséquence une autre année qui reçut l'épithète de rurale. Le thoth de cette année fut déterminé par le lever héliaque de Sirius ; et l'on eut bientôt calculé que 1461 années vagues ou sacerdotales valaient 1460 années rurales, et que les thoth des deux années coïncideraient toujours à la fin de cette période qui fut appelée sothiaque, parce que son commencement répondait toujours au lever héliaque de l'étoile Sothi ou Sothis. C'est donc de l'année rurale que Porphyre a voulu parler lorsqu'il a dit : Αἰγυπτίοις ἀρχὴ ἔτους οὐχ' ὑδροχόος, ὡς Ῥωμαίοις, ἀλλὰ Καρκίνος ; πρὸς γὰρ τῷ Καρκίνῳ ἡ Σῶθις, ἣν Κυνὸς ἀστέρα Ἕλληνές φασι. Νουμηνία δὲ αὐτοῖς ἡ Σώθεως ἀνατολὴ, γενέσεως κατάρχουσα τῆς εἰς τὸν κόσμον. Ce passage nous apprend que les Égyptiens commençaient leur année par l'Écrevisse et non par le Verseau selon l'usage des Romains. Sothis ou l'étoile du Chien est certainement voisine de l'Écrevisse, ainsi que Porphyre le déclare ; et en effet l'Écrevisse et le Grand Chien se lèvent cosmiquement en Égypte vers le même tems environ. Mais le premier mois de l'année commençait au lever de Sirius (je pense que c'était le lever héliaque), et les Égyptiens s'imaginaient que le monde ou au moins la génération des êtres avait commencé à cette époque de l'année. Cette notion fait voir que l'établissement de l'année rurale remontait à une si haute antiquité que toute trace de sa date avait disparu. Iablonski cite les paroles suivantes d'un astrologue grec qui affirme que son opinion était partagée par les plus habiles d'entre ses confrères : τὴν τοῦ ἐνιαυτοῦ ἀρχὴν οἱ παλαιότατοι τῶν Αἰγυπτίων καὶ σοφώτατοι ἀστεροσκόποι ἐκ τῆς τοῦ Κυνὸς ἀνατολῆς ὥρισαν εἶναι. Cette opinion est confirmée par Horapollon et Aratus. Théon cependant contredit Aratus et affirme que l'année égyptienne commençait à l'équinoxe du printems. Il est possible que l'année ait été changée en Égypte à différentes époques. Plusieurs rabbins paraissent croire que l'année égyptienne commençait à l'équinoxe du printems, vers le tems où les Hébreux quittèrent l'Égypte. L'année établie par les Hébreux à cette époque, commençait, ainsi que chacun sait, à l'équinoxe du printems. Je n'aurai pas la prétention de décider si les Égyptiens donnèrent ou suivirent l'exemple. Mais d'après ce que Théon avance, et ce que les rabbins admettent, je ne saurais douter que les Égyptiens n'eussent une année tropique qui commençait à la même époque à peu près que l'année instituée par le législateur hébreu.

On concevra aisément le motif qui put déterminer les Égyptiens à instituer cette année tropique, pour peu qu'on leur accorde le dégré d'instruction qu'avaient les Chaldéens et les antédiluviens. Bailli avance, sur l'autorité de Bainbridge, dont les calculs se rapportaient à la basse Egypte, qu'en l'année 138 de notre ère le lever héliaque de Sirius avait lieu à l'époque où le soleil se trouvait au vingt-sixième dégré du signe de l'Écrevisse, et que 1460 ans auparavant le lever héliaque de la même étoile correspondait avec la position du soleil au quatorzième dégré du même signe. Ailleurs Bailli observe « qu'il résulte du mouvement des étoiles en longitude, que le lever de Sirius retardait continuellement, et cela d'environ 12 jours en 1460 ans. » Lalande dit : « Lorsqu'on calcule le lever (héliaque) de Sirius pour l'année 138, où recommençait la période sothiaque, on trouve la longitude du soleil $= 3^s \, 24°$; c'est ce que le soleil a maintenant le 16 de juillet. On trouve cette longitude plus petite de $12\frac{1}{4}$ en remontant 1460 ans plutôt, ou au commencement de la période précédente. »

Sirius a maintenant environ 99 dégrés d'ascension droite et un peu plus de 16 dégrés de déclinaison australe. Le lever cosmique de cet astre a lieu au Caire un mois environ après le solstice d'été. Les anciens pensaient qu'il fallait 12 jours à une étoile de première grandeur pour sortir des rayons solaires. En admettant ce fait, le lever héliaque de Sirius doit maintenant avoir lieu au Caire quand le soleil se trouve au douzième dégré du signe du Lion. Je trouve que l'ascension droite de Sirius pour l'année 138 a dû être d'environ 76°, quand le lever cosmique de cet astre correspondait avec la position du soleil au dixième ou peut-être au douzième dégré de l'Écrevisse ; par conséquent son lever héliaque dut avoir lieu 12 jours, ou, selon quelques auteurs, 14 jours plus tard. Mais comment devons-nous entendre ce que disent Bainbridge et Bailli, qu'en conséquence du mouvement des étoiles en longitude, le lever de Sirius se trouvait retardé d'environ 12 jours au bout de 1460 ans ? Sirius avance en longitude d'un dégré à peu près en 72 ans ; par conséquent cette étoile a dû parcourir presque 20 dégrés et demi dans l'espace d'une période sothiaque. L'ascension droite de Sirius était d'environ 55 ou 56 dégrés, 1322 ans avant J.-C. Comment donc pouvait-il se faire que le lever héliaque de cette étoile pour l'année que nous venons d'indiquer et pour la latitude d'un point quelconque de la basse Égypte correspondît avec la position du soleil au quatorzième dégré du signe de l'Écrevisse ? Pour compliquer tout cela, Lalande dit que « L'an 1322 avant notre ère, et l'an 138 après notre ère, le lever de Sirius se trouva arriver le premier jour du mois Thoth, ou le premier jour de l'année civile égyptienne ; il répondait au 20 juillet. » — Mais il répète plus loin ce que nous avons déjà cité, qu'en l'an 138, le lever de Sirius répondait au 16 juillet, et que la différence de longitude du soleil entre les thoth de l'année civile 1322 avant J.-C. et de l'an 138 après J.-C. s'élevait à 12 dégrés $\frac{1}{4}$. Voici le fait. L'année sydérale est plus longue de 20 minutes que l'année tropique. L'année rurale égyptienne, ou, comme quelques auteurs l'appellent, leur année civile, est de 11′ 12″ plus longue que l'année tropique, et de 8′ 48″ plus courte que l'année sydérale. Par conséquent les Égyptiens, qui réduisaient le tems en années rurales, faisaient une erreur de 24 heures environ sur 129 ans, et devaient se trouver en arrière du soleil de $12\frac{1}{4}$ dégrés après un laps de 1460 ans ; en d'autres termes, ils étaient en retard d'environ 12 jours. Ainsi à la fin d'une période sothiaque, le premier jour de la nouvelle année rurale aurait répondu au onzième ou douzième jour de l'année solaire, dans l'hypothèse où les années solaires eussent été en usage durant cette période ; de la résultait l'erreur de calcul suivant laquelle la longitude du soleil aurait été au moment du lever héliaque de Sirius, moindre de 12¼ dégrés qu'elle n'était effectivement alors et qu'elle n'avait été au commencement de la période sothiaque précédente. Mais il faut observer maintenant que la longitude du soleil au solstice d'été était réellement moindre d'environ 20½ dégrés, 1322 ans avant J.-C. que 138 ans après J.-C. Par conséquent dans leur calcul de la longitude du soleil, les Égyptiens commirent en moins une erreur totale de 32¾ dégrés. Mais comme ils plaçaient le soleil dans l'écliptique à environ 12 dégrés en arrière de sa position réelle au commencement d'une période sothiaque, ou en arrière de la position qu'il occupait au commencement de la période précédente, il suit de là que, si en l'année 138 après J.-C. ils comptèrent 3ˢ 26° pour la longitude du soleil au lever héliaque de Sirius, ils durent trouver 3ˢ 14° pour la longitude du soleil correspondante au lever héliaque de la même étoile 1460 ans auparavant. Or telle n'était assurément pas la longitude du soleil au lever héliaque de Sirius 1322 ans avant J.-C. Ce calcul est donc fautif par suite d'une première erreur des Égyptiens, qui firent leur année rurale trop longue, et ne s'explique pas, comme Bailli l'a supposé, par le mouvement des étoiles en longitude. Le lecteur ne doit pas perdre de vue que ce mouvement des étoiles n'est qu'apparent, et que cette apparence résulte du mouvement du pôle de l'équateur autour du pôle de l'écliptique.

Fréret et Bailli soutiennent que l'anné de 365 jours 6 heures était usitée en Égypte 2782 ans avant J.-C. et par conséquent 346 ans après le déluge selon la Chronologie des LXX. M. Delambre rejette cette opinion. Je ne vois pas trop pour quel motif il a jugé à propos de la repousser, si toutefois il n'a pas d'objection à faire contre la chronologie ; mais il ne dit rien à ce sujet; et puisqu'il nous assure que l'usage de cette année « ne suppose aucune science », il aurait bien pu l'accorder aux Égyptiens sans que cette concession tirât à conséquence. Le seul argument qu'il oppose à Fréret et Bailli se réduit à ceci : le cercle d'Osymandias n'avait que 365 coudées. — J'aurais voulu voir comment Fréret aurait traité un pareil argument. Tout ce que nous savons de ce cercle est tiré de Diodore de Sicile, qui en donnait la description près de cinq siècles après qu'on l'avait détruit. On peut d'ailleurs se rappeler que les prêtres d'Égypte obligeaient les rois par un serment à conserver l'année de 365 jours, et qu'ainsi Osymandias a pu se trouver forcé de construire son cercle en conséquence. On ne voit pas, il est vrai, quel intérêt les prêtres pouvaient avoir à maintenir l'année vague; mais le serment qu'ils exigeaient de leurs rois prouve évidemment qu'ils voulaient que leurs fêtes religieuses fussent mobiles. J'aurai lieu de revenir sur le cercle d'Osymandias, et je me borne à observer pour le moment qu'à moins d'être certain que les traditions relatives à ce cercle étaient exactes, et que Diodore de Sicile les a fidellement rapportées, nous ne pouvons pas prononcer qu'il était parfaitement conforme à la description que cet historien en a faite, et qu'il n'avait pas 365 coudées *plus* le complément d'un quart de coudée requis par M. Delambre. Cet astronome distingué répète, sur la foi de Censorin, que les Égyptiens appelaient l'année de 365 jours νεῖλος; et il prend la peine de nous montrer que, d'après la notation numérique des Grecs, les lettres de ce mot représentent le nombre 365. A-t-il oublié que les Égyptiens ne parlaient pas grec ? Ce puéril *jeu de lettres* est évidemment sorti pour la première fois de l'imagination d'un Grec qui ne savait à quoi passer son tems. L'étymologie du mot Νεῖλος n'est peut-être pas encore déterminée ; mais au moins nous pouvons être certains que le nom égyptien n'avait point une terminaison grecque ; et, quoique Diodore de Sicile prétende que *Nilus*, l'un des anciens rois d'Egypte, donna son nom au fleuve qui arrose ce pays, Tzetzès, qui savait probablement plus d'égyptien que la plupart de ses compatriotes, déclare que ce nom est récent — τὸ δὲ Νεῖλος νέον ἐστί. Le Nil était plus généralement connu des Égyptiens et des Éthiopiens sous les noms de *Iaro*, *Ocean*, *Siri*, etc.

M. Delambre paraît traiter avec mépris la découverte du cycle de 600 ans qui a été attribuée aux antédiluviens. Selon Cassini, ces antédiluviens égalaient l'année solaire à 365 j. 5 h. 51′ 36″ et la faisaient ainsi trop longue de 2′ 48″. Néanmoins ce calcul était plus exact que celui des philosophes d'Alexandrie qui égalaient l'année solaire à 365 j. 5 h. 55′ 12″. M. Delambre diminue l'erreur des antédiluviens de 1′ 36″. Mais je me suis trop pressé de nommer les antédiluviens. M. Delambre pense que ces patriarches n'avaient ni le tems ni les moyens de se perfectionner dans l'astronomie au point que Bailli l'a supposé. C'est une objection assez plaisante que le défaut de tems, quand elle s'adresse à des hommes qui vivaient huit ou neuf siècles ; et, quant aux moyens scientifiques, je ne vois pas pourquoi ils auraient manqué aux hommes avant le déluge plutôt qu'après. Dira-t-on que le monde était moins peuplé qu'à présent, lorsque les hommes jouissaient pour le moins de deux ou trois siècles de jeunesse et de santé? L'industrie devait-elle être moins active que parmi nous qui sommes si souvent forcés de léguer à nos enfans l'achèvement des entreprises par nous commencées? Les hommes d'alors avaient le tems de projeter et d'exécuter ; ceux d'à présent ont presque toujours à gémir de ce que l'expérience leur arrive trop tard. Les premiers avaient du tems pour l'action, du loisir pour la spéculation ; et nous, nous n'avons que le tems de regarder autour de nous et de mourir. Ils survivaient aux chênes que leurs mains avaient plantés — et nous sommes flétris, avant que les rejetons que nous avons vus dans notre jeunesse, se soient élevés au rang des arbres.

Dans tous les cas, on ne peut nier que le cycle de 600 ans ne fût connu des Chaldéens.

Les astronomes de cette nation avaient donc calculé la longueur de l'année solaire avec une exactitude qui ne fut égalée ni par Hipparque ni par Ptolémée. Cela posé, je suis très-porté à croire que les Égyptiens n'ignoraient pas l'existence de ce cycle, et que l'année qui commençait pour eux à l'équinoxe du printems était plus exactement calculée que leur année rurale.

Les Égyptiens avaient un petit cycle de 25 ans, par lequel ils multipliaient leur période sothiaque. Le produit formait une période de 36,500 ans; c'était le cycle hermétique. Mais il est aisé de voir que le résultat de ce calcul n'est qu'une approximation vers la période de 36,000 ans, période que les Égyptiens croyaient, au rapport de quelques auteurs, absorbée par une révolution sydérale. Les philosophes d'Alexandrie firent certainement ce faux calcul, mais je crois que ce fut pour avoir mal compris l'objet que les Égyptiens avaient en vue. J'ai déjà parlé de l'extension que les anciens avaient donnée à l'emploi du nombre 60. Or ce nombre avait probablement la même vogue parmi les Égyptiens que parmi les habitans de l'Asie; car il paraît que ce fut chez les premiers que Pythagore apprit à considérer le dodécaèdre comme le symbole de l'univers. Mais remarquons que, si l'on divise le nombre 36,000 par la dixième partie du grand cycle de 600 ans, on trouve 600 pour quotient. Le cycle hermétique n'était donc qu'une computation imaginaire ; mais il indique que les Égyptiens avaient eu autrefois connaissance de ce cycle de 600 ans dont Josephe attribue l'invention aux antédiluviens.

M. Delambre accuse Bailli d'avoir fait dire à Josephe une chose à laquelle cet historien n'avait jamais songé. Et voici comme il traduit le passage de Josephe : « Dieu voulut leur donner des facilités pour perfectionner la géométrie et l'astronomie ; *et comment auraient-ils pu y parvenir* avec une vie moins longue puisque la grande année est de 600 ans ? » Maintenant si M. Delambre veut jeter les yeux sur l'original, il verra que *comment auraient-ils pu y parvenir* ne rend pas du tout le sens du grec. Voilà pour sa version.

Il n'y a pas de doute que l'autorité de Josephe ne soit entièrement favorable à ceux qui pensent que les antédiluviens étaient profondément versés dans l'astronomie ; je vais maintenant faire voir que les descendans de Cham héritèrent de leur science ; ce fait une fois établi, il s'ensuivra que, si les antédiluviens ont inventé le cycle de 600 ans, les premiers Égyptiens ont dû calculer la longueur de l'année solaire à deux minutes près de sa durée réelle.

Manéthon paraît croire que le premier Hermès vivait avant le déluge ; bien que je n'aie pas beaucoup de confiance dans Manéthon, j'accepte ici son témoignage, parce qu'il coïncide avec plusieurs autres.

Les écrivains arabes ont consigné quelques traditions relatives aux anciens Égyptiens, lesquelles confirment le témoignage de Manéthon. Il est vrai que les Arabes considèrent généralement Thoth, ou le premier Hermès, comme étant le même qu'Enoch, qu'ils appellent Idris ; mais il me suffit qu'ils regardent Thoth comme antédiluvien ; Achmed Ben Joseph Altiphasi, qui a écrit sur l'Égypte, dit qu'*Henoch ou Hermès enseigna les sciences à son fils en Égypte*. Les sciences étaient donc enseignées avant le déluge.

Je suis assez porté à croire que le Thoth des Égyptiens n'est autre que le Seth de l'Ecriture. Tout le monde a entendu parler des deux colonnes de pierre et de brique érigées par les descendans de Seth, et qui, au rapport de Josephe, auraient encore existé de son tems dans la terre de Siriade — κατὰ γῆν τὴν Σιριάδα. Or Manéthon, qui florissait 300 ans avant Josephe, dit qu'il tira son histoire des colonnes situées dans la terre de Siriade (ἐν τῇ Σιριαδικῇ γῇ), sur lesquelles elle avait été inscrite dans le dialecte sacré et en caractères hiéroglyphiques par Thôth, le premier Hermès, puis traduite en grec (lisez en égyptien vulgaire) par Agatho-Dæmon, fils du second Hermès, μετὰ τὸν κατακλυσμόν, *après le déluge*. Il est clair d'après cela que Manéthon a compris et donné à comprendre que ces colonnes avaient été bâties *avant le déluge* par le premier Hermès dans cette terre siriadique. Maintenant il est certainement de tradition en Orient qu'Henoch et Seth écrivirent tous les deux sur l'astronomie. On voit, par les passages que nous venons de citer, que les colonnes qui, selon Josephe, furent élevées par les enfans de Seth sont attribuées à Thoth par Manéthon. Ce serait en vain qu'on récuserait ce témoignage, sous prétexte que les colonnes en question n'auraient pas pu résister à la violence des eaux du déluge, et que personne ne peut dire aujourd'hui où était la terre de Siriade. L'intention de la Divinité, en envoyant le déluge, était de détruire, non la terre, mais ses pervers habitans; l'inondation ne fut point subite, mais graduelle; sans doute la face du monde dut parraître horriblement changée quand les eaux se retirèrent, mais il n'est nullement impossible que des édifices très-solides et construits, selon la tradition, de manière à pouvoir résister aux vagues, aient en effet supporté le travail des eaux qui s'élevèrent graduellement au-dessus des plus hautes montagnes. Assurément je ne crois pas Manéthon, lorsqu'il dit qu'il copia son histoire sur l'inscription de Thoth; mais, si l'on peut admettre que les Pyramides aient été construites avant le déluge, il est possible que des pierres et des tables chargées d'inscriptions par les antédiluviens aient été déposées dans leur intérieur. Une de ces pyramides est bâtie en brique; et il est de tradition parmi les Arabes qu'Hermès ou Thoth déposa ses livres ou plutôt ses tables de pierre et d'airain dans une des pyramides avant le déluge. Ce fait est positivement affirmé par Salamus Kandaathi dans l'histoire d'Égypte mise en corps par Geraldinus; et je le crois généralement reçu des savans arabes. Quant à la terre de Siriade, je suis persuadé que c'était la Nubie, parce que le Nil prenait, au-dessus de Syene, le nom de *Siri* ou *Siris*. (Voyez Dionys. Perieg. et Solin. C. 32.) En conséquence le pays baigné par la partie supérieure de ce fleuve pouvait bien s'appeler la terre siriadique. Une autre preuve de l'identité de Thoth et de Seth résulte du nom de *Sothis* ou plutôt de *Soth* donné à l'étoile du Chien à laquelle Thoth présidait en qualité d'Anubis. Les Grecs, et peut-être les Égyptiens des derniers tems, paraissent avoir regardé Sothis comme un *surnom* d'Isis. Dans l'ancienne inscription dont Diodore a conservé la traduction grecque, on fait dire à Isis ἐγώ εἰμι ἡ ἐν τῷ ἄστρῳ τῷ κυνὶ ἐπιτέλλουσα. — *Je suis celle qui se lève dans l'étoile du Chien.* Mais le fait est que, si la déesse se représente comme telle, c'est parce que la lune dont elle était véritablement le symbole s'était trouvée en conjonction avec le soleil, au lever de cette étoile, à l'époque où les mythologistes d'Égypte disaient que le monde avait commencé. Au reste on ne peut révoquer en doute que Thoth ne fût, sous la forme d'Anubis, le symbole de l'étoile du Chien ; ni que *Soth* dont les Grecs firent *Sothis*, ne fût le même que Thoth. Le nom hébreu de *Seth* vient de שׁוֹתה *shoth*, ou *soth*, *posuit*. J'observerai d'autre part que ⲦϨⲒⲰⲦ, *tihiot*, veut dire en copte *ponere*. *Seth* signifie *base*, *fondement*. Cependant les Coptes écrivent le nom du premier mois de l'année ⲐⲰⲞⲨⲦ, *thoout*; or l'orthographe de ce mot ne permet pas qu'on le dérive de *tihiot*. Kircher affirme à plusieurs reprises, que l'étoile du Chien était appelée CIOTI par les Égyptiens; et l'on sait que les lettres *s*, *sch*, *t*, et *th*, se prennent continuellement les unes pour les autres dans les divers dialectes coptes. Les Égyptiens ne pouvaient pas prononcer le שׁ, *schin*, des Hébreux; ceux-ci ne pouvaient pas prononcer le ϫ, *genga*, non plus que quelques autres lettres de l'alphabet égyptien. Mais Kircher va plus loin, et dit que le nom de CIOTI fut donné à Hermès. En effet je ne doute pas que *Soth*, ou peut-être *Sioth*, ne fût originellement le nom du dieu et de l'étoile. La différence entre *Soth* et *Thoth* n'est pas considérable. Mais ce qui me détermine à considérer *Seth*, *Soth* et *Thoth* comme un même nom, c'est que l'astrologue Vettius Valens, dont j'ai déjà parlé, appelle l'étoile du Chien à laquelle Thoth présidait, τὸν

Σήθ. Il est assez étrange que Iablonski, qui cite ce passage, ne s'obstine pas moins à dériver le mot *Thoth* de l'égyptien, ou plutôt du copte. Je ne saurais le suivre dans ses divagations étymologiques. Je dirai seulement qu'il s'arrête définitivement au mot T-ϨΟΥΙΤ, *t-houit*, qui signifie *la première*. Mais pourquoi le mot *houit* est-il précédé de l'article féminin? pourquoi *la première* et non pas *le premier?* Comme Thoth, ou Hermès, était un dieu et non une déesse, il aurait dû se nommer ΠΙ-ϨΟΥΙΤ, *pi-houit*, si tant est que ce nom de *houit* lui ait jamais été appliqué. Iablonski cherche à éluder la difficulté (dont il ne dit mot) en supposant que l'on sous-entendait *heure*. Le mot copte *ounou* est féminin et signifie *heure*, mais ceci n'est qu'une évasion. Jamais le dieu Thoth n'a pu être désigné par un nom précédé de l'article féminin. Iablonski insiste sur ce que *Thoth* était aussi le nom du premier jour de l'année et du mois. *Thoth vel Thuit,* continue-t-il, *id est principium temporis.* Mais l'objection que j'ai faite est insurmontable. D'ailleurs *Soth* ou *Seth,* nom qui dans un grand nombre d'exemples se trouve converti en *Thoth* par les Égyptiens, mais qui dans quelques autres ne subit aucune altération, ce nom signifie *base*, et, comme nom propre, pouvait indiquer le fondateur de l'année civile. Nous ne devons pas oublier cependant que le nom de *Seth* fut donné au patriarche qui le porta, comme au chef de la seconde race qui sortit d'Adam et qui devait repeupler le monde.

Si, comme je le pense, j'ai rendu au moins probable que *Seth*, *Soth* et *Thoth*, ne sont que des formes diverses du nom du patriarche que les Juifs, les Syriens et les Arabes considéraient comme l'instituteur des sciences; et si les Égyptiens (chose à peine contestable) ont avoué d'un commun accord qu'ils étaient principalement redevables à Thoth de leurs connaissances; alors je suis en droit de poser aussi comme probable que les Égyptiens en savaient autant sur les recherches astronomiques des antédiluviens, qu'aucun autre peuple postérieur au déluge, et que, si Seth inventa le cycle appelé *Ner* par les Chaldéens comme Josephe semble l'indiquer, les Égyptiens ont dû le connaître, ainsi que la longueur de l'année solaire, beaucoup plus exactement qu'on ne le suppose généralement.

Il peut paraître improbable au premier abord que les Égyptiens eussent continué à se servir de l'année rurale, s'il est vrai qu'ils connussent avec ce degré d'exactitude la longueur de l'année tropique; mais, comme c'était un système établi par la politique des prêtres de tenir leurs connaissances secrètes au reste des hommes, ou du moins à tous ceux qui n'étaient pas initiés dans les mystères de leur ordre, on conçoit aisément pourquoi toutes les découvertes de Thoth ne furent pas mises à la portée du vulgaire. D'ailleurs il fallait des siècles pour que l'usage de l'année rurale apportât des différences sensibles entre les saisons; 3650 ans n'amenaient qu'un mois de différence. Il me paraît que les Égyptiens, qui se servaient de l'année rurale, durent se trouver de 23 à 24 jours en arrière, quand une nouvelle période sothiaque prit naissance en l'an 138.

Nous avons vu que ceux qui inventèrent le cycle appelé *Ner*, avaient calculé la longueur de l'année solaire plus exactement d'environ 5 minutes que ne le fit ensuite Hipparque, *jamais assez loué* selon M. Delambre. N'est-il donc pas un peu surprenant que cet astronome distingué parle toutefois du *Ner* comme d'un cycle dont la découverte ne supposait que des connaissances astronomiques extrêmement bornées. M. Delambre n'a sans doute pas composé son histoire pour le plaisir de décrier les anciens astronomes égyptiens et chaldéens. Mais toutes les pages de cet ouvrage portent l'empreinte de ses préventions contre eux. Le fait est que Bailli avait porté si haut la science de son peuple *anonyme* d'astronomes, et avait produit tant de preuves de l'antique existence d'un vaste système scientifique, que les philosophes modernes commencèrent à craindre qu'on ne leur disputât l'immense supériorité qu'ils s'attribuaient en astronomie. Ils avaient pris depuis long-temps, en se comparant aux Grecs, l'habitude d'un triomphe facile; tout à coup le champ du scepticisme fut ouvert, et des nations que les Grecs n'avaient jamais désignées que sous le nom de barbares entrèrent en concurrence avec les modernes. Cela n'était pas tolérable; il fallait réprimer des opinions aussi téméraires, et, dans ce but, assurer aux Grecs le premier rang parmi les peuples de l'antiquité qui savaient quelque chose en astronomie; car, comme on n'avait rien à craindre de la rivalité des Grecs, on pouvait sans danger les vanter à toute outrance; et, en leur décernant la palme, on était sûr de la ressaisir.

M. Delambre a adopté un moyen facile de détruire la réputation scientifique des Chaldéens et des Égyptiens dans l'esprit des lecteurs qui se contenteront d'envisager la question du côté qu'il leur montre. Les Grecs qui visitèrent Babylone ou Memphis après l'invasion des Perses et dont aucun (soit dit en passant) n'entendait le chaldéen ou l'égyptien, promulguèrent à leur retour les rapports les plus étranges et souvent les plus contradictoires sur ce qu'ils avaient vu ou entendu. Or celui dont les récits tendent à décréditer les orientaux est toujours favorablement écouté et complaisamment cité par M. Delambre. C'est ainsi qu'au rapport suivant lequel les Chaldéens regardaient les comètes comme des planètes et cherchaient à prédire leurs retours, l'astronome moderne, oppose, avec une satisfaction que déguise mal un regret ironique, l'opinion qu'Épigène prête à ces mêmes Chaldéens touchant les comètes, opinion qui consiste à ne voir dans ces astres que des météores ignés. Voici ses paroles : « Apollonius de Mynde dit que les Chaldéens regardaient les comètes comme des planètes visibles pendant une partie de leurs révolutions, et qui doivent revenir à des intervalles plus ou moins longs. Cette idée est raisonnable, et l'on ne peut que leur en savoir beaucoup de gré, quand on lit tout ce que les Grecs ont écrit sur ce sujet : il est fâcheux qu'Épigène, qui avait aussi étudié chez les Chaldéens, ait affirmé qu'ils ne savaient rien des comètes, et qu'ils en attribuaient la formation à des tourbillons de matière enflammée. »

Dans ce passage deux astrologues grecs sont cités contradictoirement au sujet des idées que les Chaldéens s'étaient faites de la nature des comètes. Tous deux avaient étudié à Babylone et je ne doute pas de leur habileté à tirer des horoscopes. Sénèque fait l'éloge d'Apollonius, et Épigène a pour panégyristes Pline et Censorin. Mais ces astrologues ne visitèrent la Chaldée que deux ou trois siècles après la mort de Cyrus. Le temple de Bélus, qui, selon toute probabilité, n'était autre chose qu'un vaste observatoire, ce temple était détruit. Les prêtres (et sous ce nom j'entends les *Khasdahin* et les *Khartummim*) avaient été dégradés et opprimés. Témoins Diodore, Strabon, Arrien. Mais comment jugerons-nous entre les deux astrologues grecs ? Nous savons peu de chose touchant Apollonius de Mynde. Quant à Épigène, nous savons quelle haute antiquité il attribuait aux Chaldéens, et cette haute antiquité nous donne d'une manière assez précise la valeur de son témoignage. A l'en croire, les Chaldéens avaient inscrit leurs observations astronomiques sur des briques durant une période de 720,000 ans ! L'opinion qu'Apollonius attribue aux anciens *Khasdahin* coïncide au moins avec la réalité. Mais comment Apollonius pouvait-il savoir ce qu'ils pensaient des comètes, s'il ne l'avait entendu dire à Babylone ? Pythagore, il est vrai, paraît avoir partagé leur opinion. Mais le témoignage d'Aristote prouve que cette opinion était rejetée par les Grecs en général. Aristote montre clairement le mépris qu'elle lui inspire, lorsqu'il dit que les Pythagoriciens enseignaient qu'une comète est une planète, qui n'est apparente qu'à de longs intervalles, et qui au *sommet* de *l'hyperbole* qu'elle décrit, approche autant du soleil que la planète Mercure. Cette notion était selon toute apparence une de celles que Pythagore tira de la Chaldée.

Quand les Grecs ont exposé les opinions des Orientaux, il est plus que probable non seulement qu'ils ont mêlé leurs propres idées à celles d'étrangers dont ils ne comprenaient qu'imparfaitement la science et le langage, mais qu'ils ont en outre confondu les notions du vulgaire égyptien et chaldéen, avec les doctrines, les dogmes et la science des prêtres. Nous n'avons qu'à ouvrir Stobée et Plutarque *de placitis Philosophorum*, pour voir combien de vérités et de faussetés les Pythagoriciens mêlaient ensemble. Mais comment trouvèrent-ils les vérités? Les faussetés ne sont pas difficiles à inventer; mais comment rencontrèrent-ils des faits que la théorie seule peut découvrir? Quand Archelaüs disoit que la distance entre la lune et la terre était égale à 56 ou 59 demi diamètres terrestres (je cite de mémoire), on ne saurait admettre qu'il parlait au hazard ou qu'il donnait le résultat d'un simple aperçu; d'autre part, il est pareillement inadmissible que ce même Archelaüs, qui à coup sûr n'avait pas pris la parallaxe de la lune, eût pu approcher autant de la vérité par la force de son génie. Ératosthènes égalait à 800,000,000 de stades olympiques, c'est-à-dire à environ 90,000,000 de milles anglais la distance du soleil à la terre. (Voyez pour le calcul de ces mesures mon Essai sur la science des Égyptiens). Posidonius, moins exact que lui dans son calcul, trouva pour la

même distance 502,000,000 de stades italiques
dont M. Delambre fait, je ne sais comment,
31,000,000 de lieues. (Le stade italique était de
625 pieds français environ). Or on sait que ces
astronomes grecs n'avaient pas les moyens d'é-
tablir de semblables calculs. Traiterons-nous
pour cela d'*heureuses rencontres*, à l'exemple de
M. Delambre, les résultats qu'ils nous présentent? Il faut convenir que ce grand astronome a
adopté une méthode, si non heureuse, au moins
très-commode de prouver que les Grecs ne
trouvèrent dans l'Égypte et la Chaldée aucun
de ces débris scientifiques que Bailli a si bien
exhumés de l'antiquité. Mais il est étrange que
ces Grecs aient fait tout-à-la fois tant d'heureuses et tant de malheureuses rencontres ; et il
n'est pas moins singulier que la plupart de leurs
rencontres heureuses aient été faites par ceux
d'entre eux qui de leur aveu avaient été s'instruire
dans l'Égypte et la Chaldée. Pythagore, qui avait
passé la meilleure partie de sa vie à Memphis et à
Babylone, fut celui qui devina que le soleil était
au *centre* de notre système planétaire. Ses disciples devinèrent la nature des comètes, la
distance, à peu près exacte, du soleil et de la
lune à la terre, et le nombre de stades compris

dans un arc du méridien. Mais il paraît que les Chaldéens avaient deviné tout cela avant les Pythagoriciens. Ce fut pendant son séjour en Égypte que Thalès apprit à deviner les éclipses. Démocrite devina après les anciens Chaldéens et les Mages (si l'on en juge par un passage de Hyde), que la voie lactée se compose d'un nombre infini d'étoiles. Ce fut sans doute par aperçu que les Égyptiens orientèrent leurs pyramides de manière que leurs quatre faces répondissent aux quatre points cardinaux, ce que d'autres ne peuvent faire qu'autant qu'ils savent prendre une méridienne. Les Chaldéens devinèrent que le globe terrestre a 400,000 (petits) stades de circonférence, environ 25,038 milles anglais. Ce fut sans doute une rencontre très-heureuse; mais ce ne fut rien de plus. Par conséquent nous ferons bien de croire, sur la foi du premier astrologue grec qui aura promené son ignorance jusqu'à Babylone, et qui aura conversé (Dieu sait comme), avec des astrologues chaldéens ignorans comme lui, nous croirons, dis-je, sur sa parole, que les astronomes de la Chaldée, ceux-là même qui avaient observé les cieux du haut de la tour de Bélus, depuis long-temps détruite au siècle d'Épigène, avaient toujours regardé les comètes comme des *tourbillons* de matière enflammée.

Mais la méthode adoptée par M. Delambre, est-elle propre à faire ressortir la vérité du témoignage des Grecs? Si des astrologues asiatiques, sachant un peu d'anglais, visitaient aujourd'hui l'Angleterre, il est probable qu'ils apprendraient plus de choses de l'almanach de Moore que des *Principes* de Newton. Si l'un d'eux mêlait dans son cerveau des passages de l'un et de l'autre, de retour dans son pays, il parlerait à ses compatriotes des magnifiques découvertes faites par les Anglais, tandis que son compagnon de voyage réciterait les vers du prophète Moore, et assurerait ses auditeurs que nous croyons tous aux influences des astres. Si par les vicissitudes des siècles les descendans de ces Asiatiques devenaient ensuite des astronomes habiles, tandis que l'Angleterre serait déchue de sa splendeur, déchue à l'égal de Babylone, ne croiraient-ils pas, en raisonnant d'après les principes de M. Delambre, qu'il y avait des astrologues, mais non des astronomes, en Angleterre, que Moore était notre grand philosophe, et que Newton devina la théorie de la gravitation comme Herschell a deviné depuis l'existence de la planète Uranus.

M. Delambre a introduit Manéthon dans son histoire de l'astronomie. Est-ce pour attaquer Josephe et par contre-coup Bailli, ou pour déprécier les Égyptiens, ou pour examiner en conscience les Ἀποτελεσματικά attribués à Manéthon ? C'est ce que je ne chercherai point à décider. Je pourrais soutenir peut-être, avec Tyrwhitt, que le poème en question n'est point de Manéthon, et que le premier et le cinquième livre ne sont pas de la même main que le reste. Mais je n'en suis pas moins très-disposé à croire que ce poème antipoétique a pu être composé tandis que les Grecs étaient encore maîtres de l'Égypte. M. Delambre traite avec le plus profond mépris le savoir astronomique déployé par l'auteur de cet ouvrage ; et en cela il a probablement raison ; mais rend-il justice aux Egyptiens lorsqu'il étend son mépris jusqu'à eux, en disant que nous pouvons juger par cet échantillon des progrès qu'ils avaient faits en astronomie ? Je veux que Manéthon soit l'auteur du poème. Que peut-on en conclure contre les Egyptiens, et que signifie l'autorité de Manéthon ? Peut-on lire les fragmens de ses œuvres sans acquérir la conviction que Manéthon n'était qu'un habile imposteur, et que celui qui prétend avoir consulté les inscriptions siriadiques et les 36,000 volumes de Thoth, était réellement incapable d'extraire son histoire des archives qui de son temps pouvaient encore exister en Egypte ? Il avait sans doute aussi la prétention d'expliquer les hiéroglyphes et de reproduire toute la sagesse d'Hermès Trismégiste ! Plus on le lit et plus on acquiert de preuves de sa mauvaise foi. Il pouvait connaître les traditions égyptiennes mieux que la généralité de ses contemporains ; mais l'ouvrage où il s'efforça de prouver que les anciens dieux de l'Égypte étaient des hommes déifiés par la croyance populaire, suffirait pour prouver que le servile courtisan du *dieu* Ptolémée, fils du dieu Vulcain, comme il est appelé, je pense, dans l'inscription de Rosette, n'était que trop disposé à sacrifier la vérité au bon plaisir de son maître.

M. Delambre a cité des vers tirés du cinquième livre de ce poème. Ces vers donnent la description des signes du zodiaque, et M. Delambre dit les avoir cités « à cause des deux (trois) vers *sur les Serres, dont les hommes sacrés ont changé le nom en celui de Balance, parce qu'elles s'étendent de part et d'autre comme des plats suspendus à un joug.*

Χηλαὶ δ' ἃς καὶ μετέφημισαν ἀνέρες ἱροὶ
Καὶ ζυγὸν ἐκλήεισαν, ἔπειτ' ἐτάνυσσ' ἑκάτερθεν,
Οἷαι καὶ πλάστιγγες ἐπὶ ζυγοῦ ἑλκομένοιο.

Le savant astronome ne fait point de remarques sur ces vers. Mais il me semble que Manéthon a voulu dire que la constellation occupait autrefois deux dodécatémorions ou 60 degrés, et que les prêtres d'Égypte changèrent le nom des Serres du Scorpion en celui de la Balance, et donnèrent en même temps la forme d'une balance aux Serres. Si c'est là le sens, ainsi que je le crois, il s'en suivrait qu'au temps de Manéthon, les Chaldéens et les Grecs qui copièrent la division chaldéenne du zodiaque, divisèrent ce cercle en onze constellations tandis que les Égyptiens en comptaient douze. Mais ce fait me paraît très-inexact, au moins dans une de ses parties. Je crois que les Chaldéens divisèrent toujours le zodiaque en onze constellations, mais que les Égyptiens n'adoptèrent jamais cette division. L'introduction des 12 grands dieux en Égypte eut lieu 17,000 ans avant le règne d'Amasis, selon les Egyptiens, c'est-à-dire à une époque très-voisine du commencement de leur histoire, car je ne suis pas du tout partisan de leur chronologie. Or ces douze dieux sont à mon avis ceux qui présidaient sur les douze signes du zodiaque. Les plus anciens monumens qui nous restent touchant le zodiaque des Égyptiens donnent lieu de croire qu'ils y ont de tous temps admis la Balance. Nous savons qu'ils donnaient ce nom à la constellation que les Grecs appelaient Χηλαί tant par les vers ci-dessus rapportés que par ces paroles d'Achilles Tatius. κατὰ τὰς χηλὰς, τὰς κεκλημένας ὑπ' Αἰγυπτίων ζυγόν. Or les Égyptiens ne devoient pas être disposés à changer leur nomenclature ou leurs symboles à une époque aussi récente que quelques auteurs l'ont supposé. Macrobe leur attribue expressément la division du zodiaque en douze signes. *Quis verò, inquit, circi cœlestis duodecim partes aut invenit aut fecit ? Ægyptiorum retro majores, quos constat primos omnium cœlum scrutari.* D'autre part, on ne saurait citer un fait ou un passage qui prouve que les Égyptiens divisèrent leur zodiaque en onze constellations, ou que le Scorpion y ait jamais occupé 60 degrés.

M. Delambre paraît croire que la même chose est vraie des Chaldéens, c'est-à-dire qu'ils divisèrent toujours le zodiaque en douze signes. Mais alors où les Grecs d'Alexandrie auraient-ils pris leur division en onze? De qui Eudoxe, le père de l'astronomie grecque, avait-il appris à étendre le Scorpion sur 60 degrés, si ce n'est des Chaldéens? M. Delambre ne niera pas qu'Eudoxe n'ait calqué sa sphère sur celle des Chaldéens, et qu'il ne plaçât, ainsi que ces astronomes, les colures solsticiaux et équinoxiaux au milieu de leurs signes respectifs, *Aries, Chelæ, — Cancer, Capricornus*. Mais le savant astronome arguë d'un passage de Ptolémée, que les Chaldéens ont dû compter la Balance parmi les signes.

Dans l'impossibilité où je suis de consulter ici l'original, je vais transcrire ce passage tel que M. Delambre le donne en français : — « C'était l'an 496 de Nabonassar, le 30 *payni*, soir, le soleil moyen était en 4. 27. 50. L'élongation était donc orientale, et de 21. 40. — L'an 75, suivant les Chaldéens, le 14 du mois *Dius*, ou de Jupiter, Mercure était d'une coudée au-dessus du joug austral de la Balance; en sorte que, selon nous, il devait être en 14° 10′ des Serres, ou en 6^s 14° 10′ ». Or il règne de la confusion dans ce passage. Ptolémée, voulant décrire la situation de la planète Mercure à différentes époques, commence par nous indiquer l'année 496 de Nabonassar ; et, comme il s'agit d'une période chaldaïque, on devrait s'attendre à trouver ici le nom du mois en chaldaïque, ou du moins dans la langue de l'auteur, c'est-à-dire en grec. Mais non : Ptolémée nomme le mois égyptien *Payni*. Dans le calcul suivant il indique l'année 75 des Chaldéens ; maintenant l'analogie promet que le nom du mois sera en égyptien comme dans l'exemple précédent ; cependant l'auteur trompe encore notre attente. C'est le mois *Dius* qu'il nomme, mois qui répond à celui d'octobre dans le calendrier syro-macédonien. Je crois, en conséquence, que Ptolémée rapportait son calcul au zodiaque égyptien et non au chaldéen quand il parle de la Balance. Voici de quelle manière je paraphrase la seconde partie du passage : — « En l'an 75, conformément au mode de supputation adopté par les Chaldéens, le 14me jour du mois appelé *Dius* par les Syro-Macédoniens, Mercure était d'une coudée au-dessus du joug austral de la Balance comme on dit en Égypte ; en sorte que, dans le langage astronomique des Grecs, cette planète doit avoir été en 14° 10' des

Serres du Scorpion, ayant 6 signes, 14 degrés, 10 minutes de longitude. » Tel est, ce me semble, le sens du passage de Ptolémée ; mais ce n'est pas ici le cas de se référer à un témoignage d'une validité contestable. Celui de Servius met la chose hors de doute. *Ægyptii*, dit cet auteur, *duodecim esse asserunt signa, Chaldæi verò undecim; nam Scorpium et Libram unum signum accipiunt; Chelæ enim Scorpii Libram faciunt.*

Après tant d'objections contre les opinions émises par M. Delambre, je me bornerai à ajouter que, tout en admirant les talens de ce savant écrivain et en particulier la sagacité et l'érudition qu'il déploie dans ses remarques sur les connaissances astronomiques des Grecs, je ne puis m'empêcher de déplorer le préjugé qu'il manifeste dans tout ce qui est relatif aux progrès de l'astronomie et des mathématiques chez les peuples connus dans l'antiquité sous les noms d'Indiens, de Chaldéens et d'Égyptiens ; plus savant que Montucla, il se montre aussi plus envieux que cet écrivain de la réputation scientifique des nations que je viens de nommer.

Nous avons déjà vu que ceux qui se sont efforcés jusqu'ici d'expliquer les symboles zodiacaux, les ont représentés comme emblématiques des saisons, que le soleil amène dans son cours annuel au travers des constellations qu'ils représentent. Le système explicatif que je vais proposer me paraît plus naturel. Le groupement des étoiles ne se put faire que de nuit. Selon Macrobe, les Égyptiens employèrent à cet effet une clepsydre, et le compte qu'il rend du procédé qu'ils suivirent, ressemble assez à l'exposé fait par Sextus Empiricus de la méthode des Chaldéens. La clepsydre égyptienne ayant généralement la forme d'un *cynocéphale*, semble indiquer que les Égyptiens avaient commencé leur calcul au lever, et probablement au lever achronique, de l'étoile du Chien. Je crois en effet que les symboles zodiacaux furent appropriés aux saisons à mesure que les étoiles de chaque dodécatémorion se levaient achroniquement dans l'ordre des mois. Toutefois en employant ici le mot *achroniquement*, je ne le prends pas dans le sens étroit que lui donnent généralement les astronomes. Les étoiles de première grandeur ne sont visibles que 12 ou 14 minutes après le coucher du soleil ; et les autres étoiles ne le sont toutes qu'après un laps de temps beaucoup plus long. D'ailleurs il faut encore avoir égard à la densité des brouillards horizontaux dans tous les pays chauds ; d'autant plus que le ciel y est si pur et si brillant dans la région supérieure qu'il est tout naturel à l'observateur placé dans cette athmosphère de perdre de vue les vapeurs qui couvrent l'horizon. Lors donc que je parlerai du lever achronique des étoiles, on devra rapporter ce lever à l'instant où elles sont parvenues à une assez grande hauteur au-dessus de l'horizon pour devenir distinctement visibles.

Si l'on admet que le zodiaque ait été inventé ou plutôt reconstruit en Égypte, on peut se demander à quelle latitude cette reconstruction eut lieu ; car l'Égypte embrasse environ sept dégrés et demi du nord au sud, ou de Damiette à Philæ. Or les deux cités d'Héliopolis et de Thèbes se présentent les premières à l'esprit lorsqu'il s'agit d'attribuer à une ville d'Égypte l'honneur de la construction du zodiaque.

La cité d'On appelée Héliopolis par les Grecs, et Aïn-schems par les Arabes, était située à environ 24 milles au nord de Memphis. Trois raisons me font regarder comme probable que cette ville fut le lieu de la reconstruction du

zodiaque à l'usage des Égyptiens. — 1°. Le livre de la Genèse nous apprend que cette ville était une des plus florissantes de l'Égypte environ 1700 ans avant notre ère, et que le culte du soleil y était déjà établi, comme l'indiquent évidemment les noms d'*On* et de *Pothiperah* (lisez *Potiphre* ou mieux *Pitophre*). 2°. Les honneurs rendus dans cette ville au taureau appelé Mnevis par les Grecs, donnent lieu de penser que le soleil était originairement adoré à *On* quand le *Taurus* était en tête des constellations. 3°. On peut croire que les signes du zodiaque étaient représentés dans le temple d'On, qui devait être d'une haute antiquité. Kircher cite ce passage remarquable d'Artaphus : وكان بعين
شمس الهيكل الشمس وبه اثنى عشر الاعمود
(1) منذ لبين اثنى عشر البروج والاسرار العنصر *
Le même auteur interprète ce passage de la manière suivante : *Fuit autem Heliopoli templum solis et in eo XII columnæ significantes XII signa zodiaci, et elementorum arcana.* Je ne suis pas content de cette version. Le mot منذ

---

(1) Ce mot est sans doute mis ici par une erreur typographique au lieu de مثل.

signifie *semblable*. بروج désigne sans doute les signes du zodiaque, mais ce mot signifie proprement *tours* ; et, soit que les anciens Égyptiens eussent ou non cet usage, les anciens Perses et les Arabes affectaient une *tour* à chaque constellation zodiacale et représentaient probablement chaque dodécatémorion sous la forme d'une tour. Le mot عنصر ne signifie pas les quatre élémens comme Kircher semble l'avoir compris, mais il vient de عصر, et signifie par conséquent *antérieur* par rapport au temps. Il n'y aurait pas eu lieu à faire ces remarques, si l'auteur arabe n'avait l'air d'indiquer que les colonnes du temple furent faites à l'imitation des *tours* par lesquelles les anciens Orientaux représentaient les signes du zodiaque. Le sens du passage qui nous occupe serait peut-être plus exactement rendu de la manière suivante : *Exstitit Heliopoli (arabicè Aïn-schems) templum solis, et in eo XII fuerunt columnæ, representantes XII turres (signa zodiaci) mysteria perantiqua* — ou peut-être *arcana veterum temporum*. C'est sans autorité que Kircher a suppléé la particule copulative, et je soupçonne que sa citation fait partie d'une phrase qu'il a coupée par le milieu.

On assure qu'il ne reste maintenant à Thèbes aucun vestige de zodiaque. Cela est très-possible et n'empêche pas qu'il ne soit extrêmement probable que des monumens de cette espèce y aient été construits autrefois. J'ai déjà eu lieu de parler du cercle d'or d'Osymandyas ; or je pense que ce cercle devait être un zodiaque, car Diodore dit que le lever et le coucher des étoiles y étaient marqués κατὰ φύσιν, *d'après nature*. Cet historien parle aussi d'une autre représentation des constellations qui se trouvait à Thèbes dans le même édifice que le cercle d'Osymandyas : ὑπηρεῖσθαι δὲ ἀντὶ τῶν κιόνων ζῴδια πηχῶν ἑκκαίδεκα μονόλιθα, τὸν ἀρχαῖον τρόπον εἰργασμένα. Τὴν ὀροφήν τε πᾶσαν ἐπὶ πλάτος δυοῖν ὀργυιῶν ὑπάρχειν μονόλιθον ἀστέρας ἐν κυανῷ καταπεποικιλμένην. On voit par là que le plafond du temple était soutenu par des figures colossales d'animaux qui sans doute n'étaient autres que ceux du zodiaque, et que le plafond lui-même était peint en bleu et parsemé d'étoiles.

Mais si l'on peut admettre que les Égyptiens firent un zodiaque à leur usage, il est plus difficile de concevoir comment le même zodiaque fut universellement adopté en Asie sauf quelques modifications légères. Les considérations suivantes serviront peut-être à lever cette difficulté. *Premièrement*, Cham paraît avoir fixé sa résidence en Égypte peu de temps après le déluge. Alors ceux de ses descendans qui s'établirent en Asie dûrent naturellement porter un respect tout particulier aux institutions des Égyptiens; *Deuxièmement*, les chefs des principales sectes, parmi les descendans de Sem, étant monothéistes, avaient le Tsabéisme en horreur, et devaient naturellement s'efforcer de détruire tous les monumens du culte symbolique des étoiles; *Troisièmement*, il s'ensuit que les descendans de Cham étaient probablement les seuls parmi les nations civilisées qui eussent conservé les anciens symboles zodiacaux; mais il paraît que les Égyptiens ont été les premiers à adorer l'armée céleste, et cela très-peu de temps après le déluge.

Le zodiaque d'Esneh me confirme dans l'opinion que les Égyptiens rétablirent l'usage du zodiaque alors que le Lion était encore solsticial. Car dans ce zodiaque le Lion est clairement figuré au dernier rang des signes ascendans. Il ne faudrait cependant pas arguer delà que la totalité du signe était considérée comme ascendante. Je pense qu'au contraire la plus grande partie était descendante, quand le zodiaque fut construit. Mais, comme le colure solsticial était alors dans le Lion, ce signe fut mis au rang des signes ascendans. Je suis même porté à croire que parmi les symboles introduits dans ce zodiaque, quelques uns appartenaient à une période plus ancienne et auraient dû en être exclus. Ici j'ai particulièrement en vue la figure du Sphinx qui se trouve entre la Vierge et le Lion.

L'abbé Pluche donne l'explication suivante de ce symbole : « Cette figure étoit composée d'une tête de jeune fille, et du corps d'un Lion couché : ce qui signifioit qu'il falloit s'attendre à demeurer oisif sur les terrains relevés tant que l'inondation dureroit, savoir tout le temps que le soleil mettroit à parcourir les signes du Lion et de la Vierge. » — Ce qui achève de rendre cette explication certaine, c'est que le nom de Sphinx (שפע) ne signifie autre chose que *la surabondance*. » Si l'Abbé Pluche avait consulté la Vulgate il aurait vu que שפע y est rendu par *inundatio* (Deut. XXXIII, v. 19. Ezech. XXVI, 10.), ce qui est encore plus favorable à l'hypothèse de cet ingénieux écrivain. Cette interprétation n'est cependant pas à l'abri de tout reproche ; mais si, au lieu de

שפע *schephang* ou *schphang*, l'Abbé Pluche avait pris le mot שפך *schephec* ou *schphec*, il aurait eu droit de le rendre par *inondation*. Quant au mot grec Sphinx, je le regarde comme une de ces corruptions désespérantes qui mettront toujours en défaut l'art des étymologistes. Je ne trouve pas un mot dans la langue copte, dont je puisse le dériver. Pour revenir à l'explication de l'Abbé, je pense qu'il s'est complettement trompé en disant « Le Nil rentre dans ses bords sur la fin de Septembre » c'est-à-dire quand le soleil quitte le signe de la Vierge. Les eaux commencent à baisser vers cette époque ; mais elles ne rentrent complettement dans leurs limites naturelles qu'au mois de Décembre. Si le Sphinx avait eu pour objet de figurer le repos auquel on était forcé de se livrer sur les hauts lieux durant l'inondation, le symbole aurait embrassé bien plus de deux signes. Au reste, je n'y saurais rien apercevoir de relatif avec le Nil. Dans les fables grecques concernant le Sphinx, fables qui avaient une origine phénicienne, ce monstre est représenté comme *fille* de Typhon et d'Echidna, dont les corps étaient humains, mais se terminaient postérieurement par des queues de serpent. Le Sphinx lui-même avait la tête d'une femme, le corps d'un chien, la queue d'un serpent, les ailes d'un oiseau et les griffes d'un lion. Beaucoup de ces parties sont des complications de la figure originale; mais, telle que je viens de la décrire, elle représente la réunion de cinq constellations australes; savoir: la Vierge, le Grand Chien, l'Hydre, le Corbeau et le Lion. Le Sphinx égyptien est beaucoup plus simple, et offre la tête d'une femme jointe au corps d'un Lion. Or ce symbole semble indiquer l'époque où le soleil rétrogradait, au solstice d'été, de la constellation de la Vierge dans celle du Lion, par suite de la précession des équinoxes. Cela suppose non seulement que le symbole fut imaginé avant le déluge, mais qu'il le fut à une époque où le zodiaque était déjà construit; or cela n'a rien d'impossible. Ce symbole répond à la place que le soleil occupait au solstice d'été de l'année 730 après la création, conformément à la chronologie des LXX. A cette époque, Seth, (le fondateur de l'astronomie antédiluvienne selon les traditions de l'orient,) venait précisément d'accomplir un *Ner* ou cycle de 600 ans. Si donc le *Ner* était connu des antédiluviens comme Josephe le donne à entendre, il n'est pas improbable que Seth ait marqué son âge, après 600 ans de vie, par le symbole en question. L'étoile du Chien se levait héliaquement en Égypte vers le temps où le soleil se trouvait au solstice d'été entre les signes du Lion et de la Vierge, c'est-à-dire 730 ans après la création; nouveau rapport du symbole avec Seth, puisque nous avons vu que l'étoile du Chien est appelée tantôt Soth et tantôt Seth par les Égyptiens. Je n'insisterai pas davantage sur ce point; et je me contenterai d'ajouter que, s'il est un symbole dont l'origine soit manifeste, c'est assurément le Sphinx astronomique.

Comme je vois que dans le zodiaque d'Esneh le Lion est le dernier des signes ascendans, il m'est impossible de ne pas en conclure qu'une partie de ce signe, sinon la totalité, était ascendante quand le plan de ce zodiaque fut tracé pour la première fois; et je ne saurais en conséquence lui assigner une date plus récente que 2500 ans avant J.-C. Mais quelques circonstances m'engagent à le rapporter à une époque encore plus reculée, je veux dire à l'année 2800 avant notre ère, ou un peu plus de 3 siècles après le déluge suivant la chronologie des LXX.

Des trois zodiaques que j'ai sous les yeux, je

ne me propose d'examiner avec détail que celui du grand temple de Denderah. Mais je dois faire précéder cet examen de l'exposition de mes idées sur la construction originelle du zodiaque. Mes lecteurs remarqueront que, dans ce qui va suivre, je requiers deux données : — la *première*, que la division en constellations ayant été faite durant la nuit, les noms et les symboles des signes furent adaptés aux saisons correspondantes aux levers de ces signes à la fin de chaque mois ; *la seconde*, qu'attendu que le zodiaque fut construit dans un pays chaud, on doit avoir égard à la différence entre le lever réel des étoiles et leur lever apparent au-dessus des vapeurs qui bordent l'horizon. La remarque de Bailli est bien au-dessous de la vérité lorsqu'il dit : « Dans ces climats heureux, où le ciel est si serein, l'horizon est bordé d'épaisses vapeurs et l'on ne voit les étoiles qu'à trois ou quatre dégrés de hauteur. » S'il arrive que les étoiles soient visibles à cette hauteur en Égypte, ce n'est assurément que dans des cas fort rares.

---

1. Supposons donc que les astronomes de Thèbes entreprirent la construction d'un zodiaque pour l'Égypte, environ 28 siècles avant

notre ère et 3 siècles après le déluge, conformément à la chronologie des LXX. Supposons encore que leur année astronomique commençât à l'équinoxe du printemps. A l'aide de la clepsydre et de la connaissance qu'ils avaient de la voie planétaire, ils durent observer, pendant un mois avant l'équinoxe, les étoiles qui paraissaient à la nuit tombante au-dessus de l'horison oriental, et qui se trouvaient sur la voie du soleil, ou dans le voisinage de cette voie. Les vapeurs horizontales ne leur permettant pas de voir les étoiles à l'instant de leur lever, ils durent prendre pour point de départ la partie supérieure du brouillard, comme si c'eût été l'horizon réel. A la fin du mois et au commencement de la nuit de l'équinoxe, ils groupèrent en une constellation les étoiles qui s'étaient levées. Mais en l'année que nous avons indiquée (2800 ans avant notre ère) le soleil se coucha en 5 dégrés du taureau à l'équinoxe du printemps. Or, ainsi que je l'ai fait observer, l'expérience a appris qu'il est rare qu'une étoile, même de première grandeur, sorte complètement des vapeurs horizontales à une hauteur moindre que 10 dégrés ; par conséquent, la constellation qui fut visible en Égypte à l'époque dont nous venons de parler, dut être celle que nous appelons la Balance, et que les Égyptiens paraissent avoir toujours connue sous le même nom. Me voici enfin à même de répondre à M. Visconti : — La Balance se trouve à sa place comme symbole de l'équinoxe, non d'automne, mais de printemps.

2. Durant le mois suivant la chaleur croissait rapidement dans la Haute-Égypte. Les eaux stagnantes que le Nil, rentrant dans ses limites, avait pu laisser après lui quelques mois auparavant, exhalaient des vapeurs malsaines. Alors commençait réellement le règne de Typhon, ou du vent chaud et pestilentiel. L'air était infecté d'exhalaisons méphitiques, et les habitans commençaient à éprouver l'influence de ces bouffées suffocantes que les Grecs nommaient ἐμπνοὰς Τυφῶνος. Dans cette saison, les serpens, les scorpions et tous les reptiles venimeux commençaient à sortir de l'état de torpeur dans lequel ils avaient passé l'hiver. En conséquence, les Egyptiens désignèrent par un Scorpion la constellation qui suivait la Balance, et qui se montrait dans la partie orientale du zodiaque à la chute du jour. C'est l'été et non l'hiver que redoutent les habitans de l'Égypte supérieure.

3. A la fin du mois suivant, la constellation qui paraissait à la chute du jour au-dessus des brouillards de l'horizon dans la division orientale du zodiaque, fut représentée par un centaure armé d'un arc et d'une flèche. Le Centaure est probablement un hiéroglyphe très-ancien, représentant peut-être l'Arabe du désert qui avait dompté le cheval sauvage, et qui vivait de chasse. Le Sagittaire, symbole du chasseur monté sur son coursier, ou peut-être du brigand des déserts, indique, par la flèche dont il est armé, la chaleur pénétrante des rayons solaires.

4. Au solstice d'été, le soleil se trouvant par le sixième ou le septième dégré du Lion, les Égyptiens avaient à représenter la constellation zodiacale qui s'était levée au-dessus de la brume orientale. L'hiéroglyphe choisi fut un monstre à tête de chèvre et à queue de poisson. La chèvre représentait la saison où tous les animaux des bords du Nil sont obligés de suivre l'exemple de la chèvre en gagnant les hauteurs. Le poisson était le symbole de l'inondation, qui commence au solstice d'été.

5. A l'époque où le soleil entrait dans le dodécatémorion de la Vierge, les eaux du Nil s'étaient déjà élevées à une grande hauteur. La

constellation zodiacale qu'on vit alors en orient après la chute du jour, fut représentée par un homme qui versait de l'eau de deux petits vases. Les Égyptiens ne voulaient-ils point indiquer, par ce symbole, que le Nil sort de deux petites sources situées dans l'intérieur de l'Afrique, mais que les rivières nombreuses qui se jettent dans son lit, en font un fleuve majestueux, et que les pluies abondantes qui tombent en Éthiopie, le grossissent et le répandent annuellement sur toute la vallée d'Égypte?

6. Deux mois après le solstice d'été, toutes les terres basses étaient inondées. La constellation zodiacale qui s'était levée au commencement de la nuit fut représentée par deux poissons.

7. Un mois après, celle qui fut visible au même instant dans la même division zodiacale fut représentée par un bélier. Ce symbole appartenait probablement à l'ancien zodiaque; mais les Égyptiens auront pu le conserver comme un emblème des approches de la saison où les troupeaux pouvaient descendre des hauteurs pour paître dans la plaine; car déjà l'inondation commençait à décroître. Plusieurs raisons me font croire qu'à une époque très-reculée, les Égyptiens rapportaient principalement le Bé-

lier à l'instant de son lever achronique en automne. Amoun, qui présidait à cette constellation, était peint d'une couleur *glauque*, comme pour indiquer qu'il sortait du fond des eaux, et que celles-ci, quoique décrues, ne s'étaient pas encore retirées. Immédiatement au-dessous du Bélier, se trouve la constellation de la Baleine; et, avant que le Bélier n'arrive au méridien en automne, la totalité de l'immense constellation du Fleuve depuis *Regel* jusqu'à *Acarnar* (corruption de اخر نهر *Akhar nahar*, l'extrémité du fleuve) est visible probablement à Thèbes, mais certainement à Philæ. Je ne doute guère que les constellations appelées Κῆτος et Ἠριδανός par les Grecs, ne fussent connues des Égyptiens sous les noms respectifs qui signifient l'Hippopotame et le Nil, ou le Crocodile et le Nil. Le zodiaque d'Esneh offre la figure d'un crocodile au dodécatémorion du Scorpion. Le Crocodile représente donc ici la constellation connue sous les noms divers de *Cetus*, *Hippopotamos*, *Draco*, *Behemoth*; et sa situation près du Scorpion dénote que, quand le soleil se couche dans ce signe, la Baleine vient de se lever à l'orient dans la partie du zodiaque occupée par le Bélier. Il paraît donc évident que les constellations de la Baleine et du Fleuve étaient désignées sous ce symbole en automne.

8. Le taureau avait été anciennement un des symboles zodiacaux, et pouvait être conservé comme le chef du troupeau, ou l'Aleph des constellations. Mais les Égyptiens n'en remarquaient pas moins le lever achronique de ce signe. A l'époque de ce lever, le Nil était à peu près rentré dans ses limites naturelles. C'était le temps d'ensemencer les terres ; et, au rapport de divers auteurs, les bœufs étaient employés à les fouler pour y introduire le grain. Le taureau était donc un symbole destiné à rappeller les occupations des Égyptiens dans cette saison ; car nous savons, par Diodore de Sicile, qu'ils semaient leur bled en novembre ; et, tandis que le soleil se couchait dans les premiers dégrés du Sagittaire, les étoiles du Taureau paraissaient, à la chute du jour, au-dessus des vapeurs de l'orient.

9. Nous voici arrivés au temps où le soleil se trouvant dans le Capricorne, la constellation visible au soir dans la division orientale du zodiaque était celle que nous nommons les Gémeaux, ou Castor et Pollux. Mais les Égyptiens,

au rapport d'Hérodote, ne connaissaient pas les Dioscures. Aussi dans tous les zodiaques véritablement égyptiens, la constellation en question est représentée par deux figures, l'une mâle, l'autre femelle. Ces figures sont celles d'Osiris et de Nephtys dont le commerce illicite et accidentel donna naissance à Anubis.

Je ne saurais m'empêcher de remarquer ici que l'astronome de Thèbes qui observait les cieux dans cette saison, environ une heure après le coucher du soleil, devait voir, dans presque toutes les constellations australes, des symboles qui lui rappelaient l'histoire de l'inondation annuelle du fleuve, qui était alors à peu près rentré dans ses limites. A l'orient il voyait l'Hydre, emblême du Nil, lever la tête au-dessus du brouillard horizontal. Plus loin, vers le Sud, il découvrait la brillante étoile de Soth, et se souvenait qu'au lever héliaque de cet astre, l'inondation avait commencé. Déjà le gouvernail du navire que les Grecs nommaient Argo, mais que les Égyptiens ne connurent que sous le nom de la barque d'Isis, marchait à la suite de Sirius; et le spectateur savait qu'une heure plus tard il pourrait voir Canobus, ordinairement figuré par un vase, développer son orbe lumineux au-dessus des vapeurs du midi. Dirigeant ses regards vers le méridien, il reconnaissait le Fleuve, ou le Nil céleste, qui serpentait de l'équateur à l'horizon austral, embrassant un espace de 60 dégrés. A l'ouest du méridien, la Baleine, ou l'Hippopotame, ou Behemoth, (car on lui donne ces noms divers), levait sa tête jusqu'à l'écliptique au-dessous du Bélier, et remplissait de son énorme masse l'intervalle compris entre l'équateur et le tropique du Capricorne. En même temps le Fleuve du Verseau se couchait à l'occident ; et les yeux de l'observateur se reportaient naturellement vers le Nil dont les eaux reprenaient alors le niveau qui leur est propre.

10. A la fin du mois suivant, le soleil, parvenu au solstice d'hyver, se trouvait dans le Verseau. La constellation zodiacale qui se levait alors avec la nuit au-dessus de la brume orientale fut réprésentée par un scarabée. L'époque du retour du soleil était arrivée. Les astronomes de l'Égypte savaient que cet astre est au centre de notre système planétaire, et que c'est par son attraction que la terre est maintenue dans son orbite. Mais le mouvement apparent du soleil ayant lieu de l'est à l'ouest, tandis que la terre tourne réellement sur son axe d'occident en

orient, les Égyptiens, au rapport de Clément d'Alexandrie, représentèrent le soleil par un scarabée alors que cet insecte ayant formé un globule excrémental, *le roule à reculons* — ἀντιπρόσωπος κυλίνδει. D'après cette opinion sur le sens dans lequel se meut le scarabée en roulant ses excréments, il était naturel de faire de cet insecte le symbole de la saison où le soleil semble rétrograder pour entrer de nouveau dans les signes boréaux. (Voyez à ce sujet Horapollon).

11. Le Lion était probablement un des anciens symboles zodiacaux. Horapollon et Macrobe se sont efforcés d'expliquer pourquoi cet animal fut choisi comme symbole de la constellation qu'il représente. Mais le lion ne se trouve pas au nombre des habitans de l'Égypte; et il n'est pas vraisemblable que les Égyptiens aient été les premiers à placer ce symbole dans le zodiaque. Selon toute apparance, le Lion est un des signes auxquels ils n'ont rien changé.

12. Quant au signe de la Vierge, il est extrêmement probable qu'il fut pris comme symbole de la saison des moissons. Dans un ancien zodiaque égyptien, cette constellation est indiquée par trois épis de bled. Sa plus brillante

étoile est encore appelée *Spica*. Les Hébreux et les Arabes la nommaient *Schibboleth* et *Sanbulat*, mots qui ont la même signification. Mais de toutes les nations auxquelles ont peut attribuer l'invention du zodiaque, il n'en est pas une chez laquelle la récolte correspondît au passage du soleil dans la constellation de la Vierge ; à moins qu'on ne suppose, avec Dupuis, que le zodiaque est vieux de 16 ou 17 mille ans.

Conformément au système que j'ai tâché d'établir, cette constellation dut recevoir son nom et son symbole lorsqu'elle parut en Égypte au-dessus de la brume orientale, un mois avant l'équinoxe du printemps, en même temps que le soleil se couchait par le cinquième dégré de la constellation du Bélier, 2800 ans avant notre ère.

On dira peut-être que, selon Diodore de Sicile et d'autres auteurs, la moisson commence en Égypte à l'équinoxe du printemps et que, par conséquent, lorsque le soleil se couchait à cette époque de l'année en 5 dégrés du Taureau, la constellation de la Vierge devait déjà être voisine du méridien de Thèbes. Tout cela serait vrai, s'il s'agissait de la moisson du froment qui commence dans la haute Égypte vers l'équinoxe du printemps ; mais j'ai pour moi l'autorité de l'historien sacré, en avançant que la récolte de l'orge en Égypte commençait trente jours au moins avant celle du froment : — « Le lin et l'orge furent frappés parce que l'orge était en épis, et le lin en tiges ; mais le bled et le seigle ne furent point frappés parce qu'ils n'étaient point développés. » (Exod. c. 9, v. 31.) Les mots כי אפילת הנה, signifient littéralement « car ceux-ci étaient obscurs. » Mais, quelque interprétation qu'on leur donne, je crois pouvoir affirmer en toute sûreté que la récolte de l'orge précédait d'un mois celle du froment.

Les constellations du zodiaque dont les Égyptiens semblent avoir changé les symboles primitifs, sont celles que nous nommons les *Gémeaux*, l'*Écrevisse*, le *Sagittaire*, le *Capricorne*, le *Verseau* et les *Poissons*, — peut-être aussi la *Balance* et la *Vierge*.

Je passe à l'examen particulier du zodiaque rectangulaire de Denderah. Quoiqu'il s'en faille d'une période sothiaque toute entière qu'il ne soit aussi ancien que celui d'Esneh, il offre néanmoins plus d'intérêt sous différens rapports.

Les extraits suivants du mémoire de M. Visconti donneront au lecteur une idée de l'ensemble et des principales parties de ce monument; après les avoir lus, il n'aura sans doute aucune peine à suivre les détails que je me propose de lui soumettre.

« Le grand zodiaque, » dit M. Visconti, « est distribué en deux bandes; chacune d'elles est subdivisée en deux autres, l'une supérieure, l'autre inférieure. Dans la supérieure, qui est aussi la plus large, sont représentés des signes du zodiaque, au nombre de six, entremêlés de plusieurs figures symboliques, et d'une grande quantité de petites étoiles. Une suite de dix neuf bateaux remplit la portion inférieure de la bande; chacun de ces bateaux porte aussi une figure symbolique; des cartels rectangulaires avec des inscriptions égyptiennes accompagnent chaque figure. »

« L'autre grande bande contient les six catastérismes qui restent; et au-dessous de ces catastérismes l'on voit dix-neuf autres bateaux avec des navigateurs semblables aux premiers. »

« Les signes du zodiaque sont disposés suivant leur ordre naturel de droite à gauche, conformément à l'usage de l'écriture égyptienne; mais la seconde bande se réunissant à la première, dans cette disposition connue dans la paléographie grecque par le mot *boustrophedon*, les figures, pour ne pas varier l'ordre de droite à gauche, sont renversées, et les bateaux au-dessous d'elles se touchent presque par leurs fonds. »

« Deux grandes figures de femmes, et d'autres symboles, environnent les deux bandes, et forment le cadre de tout le zodiaque. »

Voici ce que dit M. Visconti au sujet du zodiaque circulaire : « La circonférence est occupée tout autour par 36 figures symboliques, analogues à celles qui paraissent dans les bateaux au-dessous du grand zodiaque, et par leurs accessoires. Ces figures, à mon avis, ne sont autre chose que les 36 décans, génies qui président chacun à 10 dégrés du cercle zodiacal, assez connus par les anciens livres astrologiques et par quelques rares monumens. »

« Les deux bateaux qui surpassent ce nombre (36) dans le grand zodiaque, sont probablement relatifs aux jours épagomènes et à quelque génie tutélaire de toute l'année. Un de ces bateaux précède les trente-six autres, et porte une divinité à tête d'épervier ; le trente-huitième qui en ferme la marche, est le seul qui soit monté par plusieurs figures. »

Comme j'ai tâché de faire voir que le grand zodiaque de Denderah fut construit au commencement d'une période sothiaque, 1322 ans avant l'ère chrétienne, je commencerai l'examen de ce zodiaque par celui du dodécatémorion de l'Écrevisse. Nous avons déjà vu que ce signe est indiqué par deux scarabées, et que la division qui les rapporte l'un à une bande, l'autre à l'autre, ou, si l'on veut, l'intervalle qui les sépare, indique la place du soleil au solstice d'été, place que j'ai fixée au quatorzième dégré de l'Écrevisse dans le zodiaque réel. On ne doit guères s'attendre à trouver ici le rapport des deux scarabées exactement reproduit par les artistes qui exécutèrent ce monument. Je dois encore observer que les deux décans voisins du Lion, et probablement aussi quelques figures, sont entièrement effacés.

REMARQUES

SUR

LE GRAND ZODIAQUE DE DENDERAH.

Dodécatémorion de l'Ecrevisse.

Six bateaux sont affectés à ce dodécatémorion; trois d'entre eux appartiennent aux décans; les trois autres qui sont dans la bande supérieure ont probablement pour objet, conjointement avec les deux bateaux surnuméraires dont parle M. Visconti, de représenter les 5 jours complémentaires de l'année. Ces 5 jours se comptaient à la fin de l'année vague ou sacerdotale; d'où il suit que ce zodiaque fut construit à l'époque où le thoth de l'année vague coïncidait avec la position du soleil au quatorzième dégré de la constellation ou du dodécatémorion de l'Écrevisse. En conséquence, on ne peut guères rapporter le zodiaque en question à une autre époque que celle que je lui ai déjà assignée, c.-à-d. à l'année 1322 avant notre ère.

Mais, dira-t-on peut-être, ceci tend à prouver que l'année de 365 jours 6 heures n'était

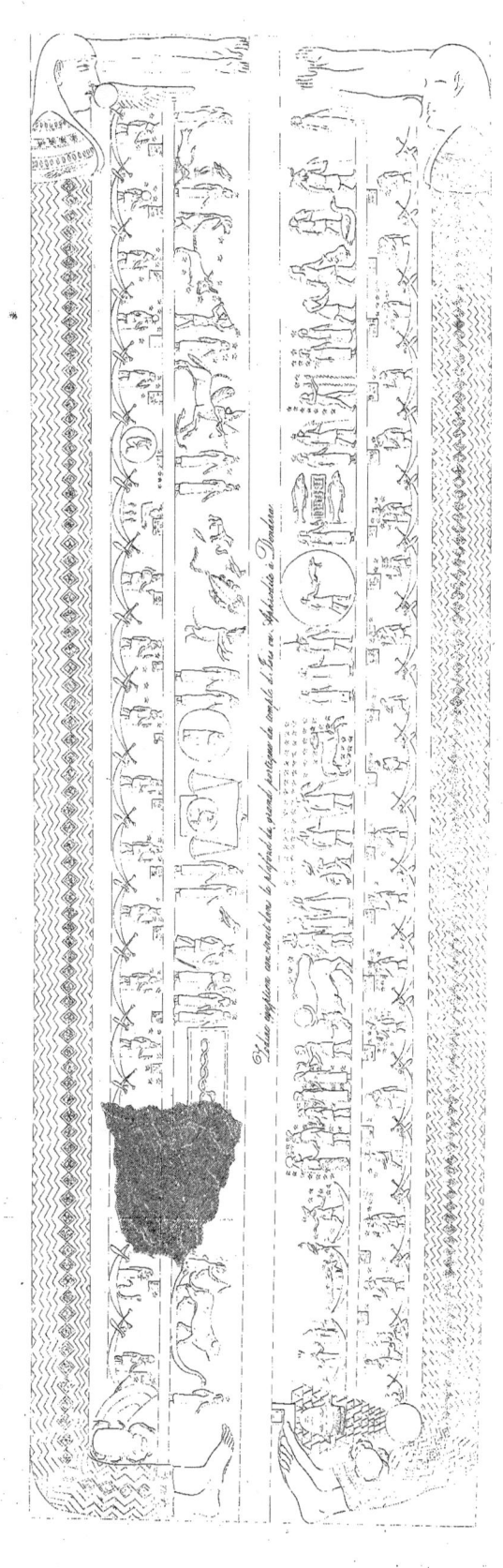

Zodiaque égyptien sculpté dans le plafond du grand portique du temple de Isis, en Aphroditis à Dendera.

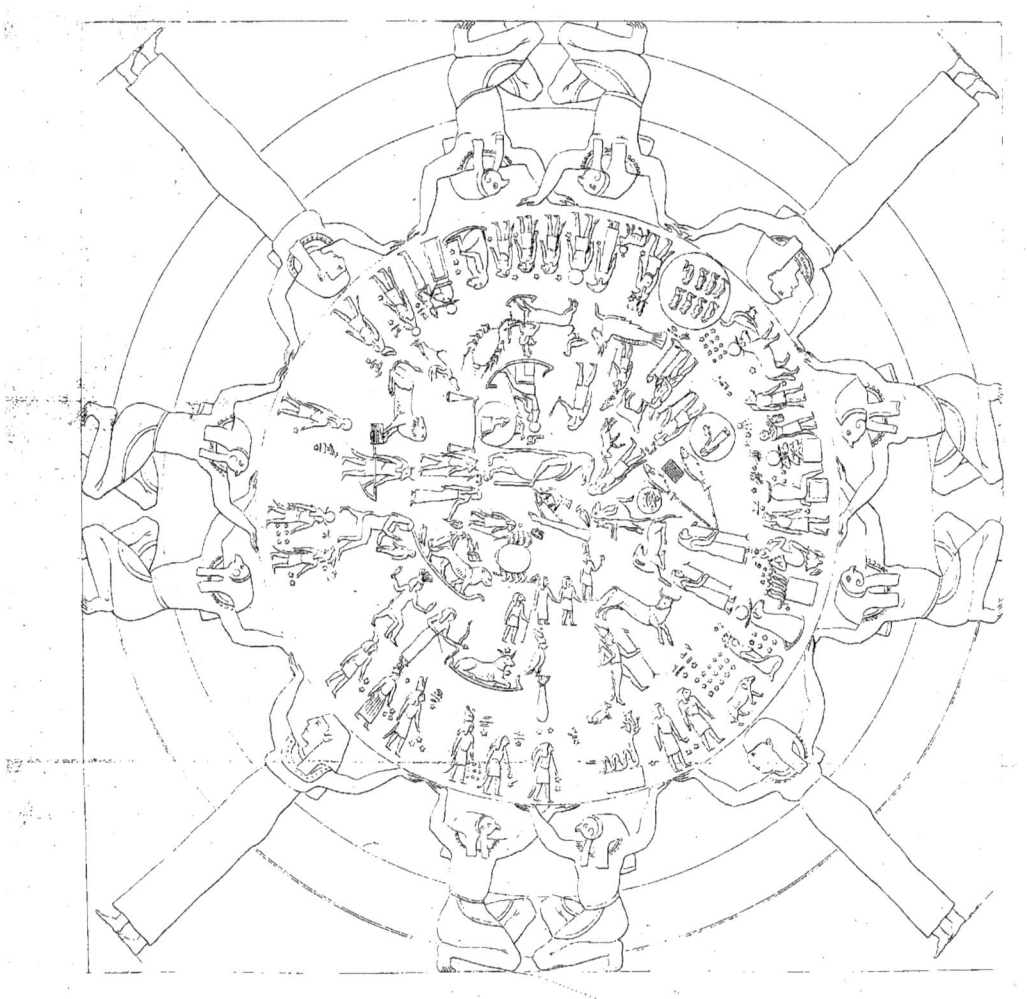

Zodiac circulaire construit dans le plafond d'un des apartemens supérieurs du temple d'Isis, à Dendera.

pas connue lorsque ce zodiaque fut construit. J'avoue que telle fut mon opinion après une première inspection du zodiaque. Mais un examen plus attentif me conduisit à changer d'idée sur cet objet. Dans la bande inférieure qui est occupée par les décans, se trouvent 36 petits cadres rectangulaires ; si l'on y en ajoute deux autres pour les décans qui sont effacés dans le voisinage du Lion, on aura en tout 38 de ces cadres. Le premier décan du Lion n'en offre point ; tandis qu'il n'y en a pas moins de quatre dans le dodécatémorion de l'Écrevisse. Or, j'observe que tous les cadres ou cartels du zodiaque sont remplis de petits hiéroglyphes à l'exception de trois qui appartiennent à l'Écrevisse et qui ont été laissés en blanc. Voilà donc 35 cartels couverts d'hiéroglyphes ; or je pense que leur signification s'explique par un passage de Diodore de Sicile relatif à la hiérarchie des Génies astraux chez les Chaldéens. Voici ce qu'il dit : « Les Chaldéens pensaient que les cinq Planètes commandent à trente étoiles qui se nomment les conseillers divins. La moitié de ces derniers gouverne toutes choses sous la terre, et l'autre moité veille sur les actions des hommes, ou observe ce qui se passe dans les cieux.

Tous les dix jours les planètes envoient une étoile sous la terre en même temps qu'une autre étoile se lève au-dessus, pour leur apprendre ce qui s'y fait. » Les 35 cadres rectangulaires remplis d'hiéroglyphes semblent donc se rapporter à ce rêve astrologique sur les 5 planètes et les 30 étoiles. Mais les 4 cartels du dodécatémorion de l'Écrevisse ont pu avoir une destination plus importante. Horapollon nous informe, à la vérité dans un langage assez obscur, qu'«ils (les Égyptiens) écrivant ou peignant (γράφοντες) l'année actuelle, écrivaient ou peignaient le quart d'un arpent (τέταρτον ἀρούρας γράφουσιν). » L'auteur ne nous dit pas comment ils figuraient ce quart d'arpent. Plus loin il ajoute : « Quand ils veulent indiquer une année ils disent *un quart;* parce qu'ils pensent que d'un lever à l'autre de l'étoile Sothis, il y a un quart de jour à ajouter, attendu que l'année du dieu est de 365 jours ; c'est pourquoi les Égyptiens comptent un jour additionnel tous les quatre ans ; car quatre quarts d'un jour valent un jour entier. » Maintenant il faut remarquer (et cette remarque n'a pas encore été faite) qu'il y avait deux périodes sothiaques, l'une d'années, l'autre de jours. 1460 jours formaient 4 années vagues ; et 1461 jours complétaient 4 années astronomiques, sauf une erreur de 44' 48". Or il paraît que les 4 parties du jour intercalaire furent représentées par les 4 parties d'un *aroura* ou arpent, et celles-ci furent sans doute figurées par des rectangles. Il est donc très-probable que les 4 rectangles du dodécatémorion de l'Écrevisse sont des symboles de cette espèce. L'un d'eux est rempli parce que la première des 4 années était accomplie, et les 3 autres sont laissés en blanc, pour indiquer qu'il manquait encore trois quarts de jour à l'année de 366 j. ; le zodiaque fut donc construit à la fin de la première année ou au commencement de la seconde. Si mes conjectures sont fondées, il s'ensuit que l'année de 365 jours 6 heures était connue des Égyptiens 1322 ans avant J.-C.

Les bateaux du rang inférieur portent les génies ou démons (dans l'acception grecque), qui présidaient chacun sur 10 dégrés du signe auquel ils appartenaient. Le bateau voisin des Gémeaux porte une figure que je crois être celle de Thoth ἰβικέφαλος. L'Ibis était un des symboles de ce dieu qui prit quelquefois la forme de cet oiseau. C'est pour cela que, dans une hymne adressée à Hermès par un certain Phérécydes, nous trouvons ces mots Ὦ Ἑρμῆς ἰδίμορφος, etc. Cette hymne est citée par Kircher ; mais je soupçonne qu'elle ne fut pas composée par Phérécydes, qui, si je ne me trompe, n'était pas un poëte, comme Kircher le donne à entendre, mais bien un scholiaste qui aura pu citer les vers d'un auteur plus ancien que lui. Horapollon dit aussi que l'Ibis était un attribut d'Hermès (p. 55). Cet oiseau commence à fréquenter les bords du Nil, au rapport de M. Savigny, vers le solstice d'été, et par conséquent au commencement de l'inondation. L'étoile du Chien à laquelle Thoth présidait sous le nom d'Anubis, se leva cosmiquement 1322 ans avant notre ère, lorsque le soleil entra dans le dodécatémorion de l'Écrevisse, rapporté au zodiaque réel, et environ 12 ou 14 jours avant le solstice et avant le lever héliaque de la même étoile.

Le bateau, qui appartient au second décan, porte la figure d'une divinité à tête d'épervier surmontée d'un œuf d'où sort un serpent. Ce serpent est le symbole de l'Agathodæmon ou du Bon Génie que les Égyptiens nommaient Kneph. — Φοίνικες αὐτὸ (le serpent) ἀγαθὴν δαίμονα καλοῦσιν, ὁμοίως δὲ καὶ Αἰγύπτιοι Κνὴφ ἐπονομάζουσι.

(Euseb. Præp. Evang. l. 1, c. 10.). L'œuf était l'emblême du monde : — ἑρμηνεύουσι δὲ τὸ ὠὸν τὸν κοσμὸν, dit Porphyre; on prétendit que cet œuf était émané de la bouche de Kneph, type du Créateur spirituel; et que Phtha ou le Demiurge matériel qui de fait est le même que Kneph, était né de cet œuf. (Euseb. l. 3, c. 11). Mais les Grecs, qui n'entendaient pas cette mythologie, ont tout confondu. Kneph ou Knuph, ou plus exactement encore *ich-nouphi* (ΙϨ-ΝΟΥΦΙ) conformément à la restauration que Iablonski a faite de ce nom qui veut dire le bon génie, produit l'œuf du monde, et cet œuf produit lui-même le bon génie. En d'autres termes le monde a été créé par Dieu, et Dieu lui-même est manifesté par le monde.

Dans le troisième bateau sont trois figures. Deux divinités, l'une mâle, l'autre femelle y sont assises. La troisième, une déesse, est debout à côté des premières et paraît d'un rang inférieur. Les deux divinités assises dans ce bateau, ainsi que celles qui se trouvent dans les deux décans précédents, tiennent chacune un sceptre terminé par la tête de l'oiseau que l'on nomme la *huppe*. Ce sceptre était un symbole de Divinité; car Horapollon après avoir parlé de l'affection et de la reconnaissance de la huppe pour ses parens, ajoute : ὅθεν καὶ τῶν θείων σκήπτρων κουκουφᾶ προτίμησίς ἐστι. Les deux divinités assises ayant chacune un scarabée sur la tête, j'en conclus que ce doivent être Phtha et Neith. Le lecteur peut consulter Horapollon, page 24; mais le texte du passage relatif à ces deux divinités me paraît corrompu. Je crois qu'il signifie que Phtha et Neith étaient représentés soit par un vautour, soit par un scarabée. Il est à remarquer qu'ils sont assis; et c'est en général l'attitude dans laquelle les Égyptiens représentaient Neith; — καὶ οἱ Αἰγύπτιοι Ἀθηνᾶς ἄγαλμα καθημένης ἱδρύσαντο. Un scarabée a été placé sur leurs têtes non seulement pour les faire reconnaître comme Phtha et Neith, mais pour les représenter comme emblême du soleil et de la lune en conjonction dans le signe de l'Écrevisse. La manière dont le scarabée indiquait la conjonction du soleil et de la lune est décrite au long par Horapollon; et les Égyptiens se figuraient que le Demiurge matériel avait engendré le monde alors que le soleil était dans le signe de l'Écrevisse. (Voyez ci-dessus le passage de Porphyre que j'ai cité).

Le premier bateau du rang supérieur porte

deux figures. L'une d'elle est Isis versant de l'eau de deux petits vases. Isis représente ici le le lever de l'étoile appelée quelquefois de son nom, et dont le lever héliaque annonçait toujours aux Égyptiens le débordement du Nil.

Dans le bateau qui suit immédiatement est la vache blanche consacrée à Isis, et honorée avec une vénération particulière dans le nome que les Grecs appelaient Ἀφροδιτοπολίτης. (Voyez Strabon, l. 17.)

Un épervier perché sur une fleur de lotus est le symbole subséquent. L'épervier était l'emblème de plusieurs divinités, telles qu'Osiris, Horus et Thoth. Mais, comme le lotus était consacré à Horus, je suppose que c'est ce dieu qui est ici représenté par un épervier.

La figure placée dans le troisième bateau peut être aussi celle d'Horus.

Dodécatémorion du Lion.

Celui-ci est en partie effacé. Dans le premier bateau de la bande inférieure se trouve Horus ἱερακέφαλος. La constellation du Lion était le siége d'Horus. Pour cette raison le trône d'Horus était porté par des lions. (Voyez Horapollon, p. 33). Dans le second bateau est une figure de femme dont un doigt est posé sur sa bouche. Je pense que cette figure est celle de Buto, nourrice d'Horus, qui le déroba durant son enfance aux perquisitions de Typhon. Devant ce dieu est un serpent, symbole de l'Agathodæmon. Le troisième décan est entièrement effacé.

Dans la bande supérieure le Lion est représenté debout sur une barque dont la proue et la poupe offrent les symboles respectifs d'Amoun et de Kneph, savoir, une tête de serpent, et une tête de bélier. Une femme précéde le Lion ; une autre le suit.

Entre les signes du Lion et de la Vierge, se trouve un serpent entrelacé que renferme un cadre rectangulaire. C'est la constellation de l'Hydre qui est un paratanellon du Lion et de la Vierge. Par ce mot *paratanellon* j'entends une étoile ou constellation qui se lève avec une autre, ou vis-à-vis d'une autre.

Dodécatémorion de la Vierge.

Trois divinités mâles, portant chacune un sceptre à tête de huppe, sont placées sur les trois bateaux qui appartiennent aux décans de ce dodécatémorion. La bande supérieure offre plusieurs figures symboliques. Les trois premières figures sont féminines, et la dernière des trois représente Isis tenant un épi de bled. Elle n'a pas son diadême et est suivie de Thoth ταυροκέφαλος. Plutarque dit que Typhon ayant été enchaîné et livré à Isis, cette déesse lui rendit la liberté, mais que son fils Horus en fut si indigné qu'à la première entrevue qu'il eut avec sa mère, il abattit d'un coup la couronne royale (βασιλεῖον) qui ceignait son front. Là dessus Hermès lui offrit une tête de Taureau en guise de casque. Cette histoire n'est qu'une allégorie astronomique : Quand le soleil se couche en Égypte dans les derniers degrés de la Vierge, qui est la constellation d'Isis, le Scorpion, qui est la constellation de Typhon, paraît à la nuit tombante descendre rapidement vers la partie occidentale de l'horizon, comme s'il poursuivait la constellation de la Vierge. Ceci donna lieu à la fable d'Isis poursuivie dans les cieux par Typhon et jonchant de paille la route qu'elle parcourait. Mais Isis était aussi le symbole de la lune. Or, lorsqu'à cette époque Isis rejoignit Horus, c'est-à-dire, lorsque le soleil et la lune se trouvèrent en conjonction dans la constellation de la Vierge, le Dieu dépouilla la déesse de sa couronne ; ce qui veut dire que le croissant de la lune qui est l'insigne de la royauté d'Isis disparut, comme cela devait être lorsque les deux astres furent en conjonction. Mais Hermès, gardien d'Isis, lui présenta ensuite pour casque une tête de taureau, parce que le premier croissant subséquent devait paraître à l'ouest dans la constellation du Scorpion en même temps que la tête du Taureau se levait à l'orient. Le croissant était fréquemment représenté par une paire de cornes empruntées à un jeune taureau. Dans le zodiaque dont nous nous occupons, Thoth porte le casque dont il fit ensuite présent à Isis.

Dodécatémorion de la Balance.

Les figures des trois décans qui se rapportent à ce dodécatémorion sont peu différentes de celles qui les précèdent. Au rang supérieur se trouve Toth sous la forme d'un oiseau à tête de chien, symbole dont je ne comprends pas le sens. Suivent deux figures féminines dans lesquelles je crois reconnaître Isis et Nephtys. La Balance paraît ensuite, et entre les plateaux, on voit Harpocrate assis sur un trône, environné d'un cercle et tenant à l'ordinaire son doigt posé sur ses levres. Cette divinité repré-

sente le silence de la nuit quand le soleil, à l'équinoxe d'automne, descend vers l'hémisphère occidental.

Dodécatémorion du Scorpion.

Les décans de ce signe n'offrent rien de remarquable. Dans la bande supérieure quatre figures symboliques précèdent le Scorpion. La première est placée dans l'intérieur d'un cercle et
représente Horus portant le sceptre d'un dieu.
La seconde, qui appartient au sexe féminin et
qui porte une tête de chien, me paraît être
Nephtys, mère d'Anubis. La troisième est encore une déesse : je suppose que c'est Isis. Enfin paraît Anubis sous la forme d'un chien à
queue de scorpion. Il est debout, tient ses bras
levés, et porte une mître sur sa tête. Horus,
placé dans un cercle, est le symbole du soleil, et
Isis, placée entre les deux figures *caniformes*,
représente la lune. Nephtys ou la déesse κυνοπρό-
σωπος, détournant la tête, indique la conjonction du soleil et de la lune. En conséquence
Horapollon, après avoir décrit la douleur ex-
primée par le κυνοκέφαλος mâle quand la lune dis-
paraît dans sa conjonction avec le soleil, ajoute,

ἡ δὲ θήλεια μετὰ τοῦ μὴ ὁρᾷν, ἀλλὰ δὲ ταὐτὰ τῷ ἄρρενι

πάσχειν, etc. La figure d'Anubis ou du cynocéphale mâle, est à quelque distance des deux figures féminines, et indique que la lune reparaît maintenant après sa conjonction avec le soleil ; car Horapollon nous apprend que l'hiéroglyphe figuratif du lever de la lune était un cynocéphale debout, les mains levées vers le ciel et portant sur sa tête un des insignes de la royauté ; or c'est précisément la figure que nous avons sous les yeux. Immédiatement après le Scorpion sont un épervier et un serpent. Ces figures furent réunies depuis en une seule qui représente le bon Génie. Les Égyptiens feignirent que, selon qu'il ouvrait ou fermait les yeux, la lumière ou l'obscurité régnaient dans le monde. (Euseb. l. 1, c. 7.)

DODÉCATÉMORION DU SAGITTAIRE.

Le premier bateau appartenant aux décans porte trois petits emblêmes que je ne distingue pas très-bien. Au-dessus est un bras droit et une tête d'homme parfaitement chauve. Diodore de Sicile nous apprend qu'une main droite dont les doigts sont développés, signifie les provisions de vivres ou les choses nécessaires à la vie — τῶν δ'ἀκρωτηρίων ἡ μὲν δεξιὰ τοὺς δακτύλους ἐκτεταμένους ἔχουσα σημαίνει βιοῦ πορισμὸν. Je pense que ce symbole se rapporte à la saison des semailles, attendu que le cultivateur étend la main lorsqu'il sème, pour répandre le grain qu'elle contient. Quoi qu'il en soit, il est certain que les semailles avaient lieu en Égypte lorsque le soleil était dans le Sagittaire. La tête chauve est probablement celle d'Osiris qui représente le soleil « privé de ses rayons » dans l'hémisphère inférieur. Les Dieux, dit Hellanicus de Lesbos, déposent leurs couronnes, quand Typhon règne sur l'univers.

Dans le bateau suivant est un cynocéphale assis. — Cette figure est très-remarquable. — Horapollon dit que les Égyptiens représentaient les deux équinoxes par un cynocéphale assis.— Ἰσημερίας δύο δὲ πάλιν σημαίνοντες, κυνοκέφαλον καθήμενον ζωγράφουσι ζῶον. Si le rapport est exact, le symbole en question a dû être copié sur un zodiaque construit à une époque où le Sagittaire était équinoxial; or la date la moins ancienne à laquelle on puisse rapporter cet état de choses, serait l'année 700 après la création, conformément à la chronologie des Septante. Je sens très-bien la difficulté d'admettre que les cieux eussent été observés avec attention si-tôt après la création. Mais plus on y réfléchira et moins peut-être on sera disposé à révoquer en doute les traditions des Orientaux.

Dans le troisième décan, Osiris ou Horus est représenté avec une tête d'épervier.

Au rang supérieur s'offrent d'abord deux figures de femmes, qui sont probablement Isis et Nephtys; la première, symbole de la lune dans l'hémisphère supérieur, et l'autre, symbole du même astre lorsqu'il s'abaisse sous l'horison.

Vient ensuite le Sagittaire à deux têtes; l'une de ses faces est celle d'un chien. On peut rapporter ce symbole au lever achronique de Sirius, qui a lieu dans la Haute-Égypte vers le temps où le soleil se couche dans les derniers degrés du Sagittaire. Mais il est toujours remarquable que le Sagittaire soit δικέφαλος. Si l'on avait construit un zodiaque vers 700 ans après la création du monde, selon la chronologie des LXX, la Vierge et les Poissons auraient été solsticiaux, et les Gémeaux et le Sagittaire auraient répondu aux équinoxes, ou plutôt le Soleil, aux solstices et aux équinoxes, aurait rétrogradé vers les dodécatémorions adjacens du Lion, du Verseau, du Taureau et du Scorpion. Or, il est à remarquer que ces quatre autres signes : la Vierge, les Poissons, les Gémeaux et le Sagittaire, paraissent avoir eu des emblêmes doubles dans les monumens zodiacaux les plus anciens. La Vierge a dû être représentée par une tête de femme sur un corps de lion. — Les Poissons sont au nombre de deux ; — on trouve dans les anciens monumens de l'Égypte deux figures, l'une mâle, l'autre femelle, à la place du signe que nous nommons les Gémeaux. — Enfin dans les mêmes monumens le Sagittaire a deux têtes.

Sous les pieds de devant du Centaure ou Sagittaire est figuré un serpent, — peut-être pour exprimer le coucher cosmique de l'Hydre, qui a lieu à Thèbes lorsque le Soleil est dans le Sagittaire.

Dodécatémorion du Capricorne.

Dans le bateau médial des décans paraît une divinité qui porte le disque solaire sur ses épaules.

La bande supérieure offre deux figures, l'une mâle, l'autre femelle, qui sont placées près du Sagittaire. La divinité mâle est ἱερακέφαλος, et armée d'une flèche. Vient ensuite un bizarre emblême, qui consiste en un taureau à une jambe, attaché par une chaîne que tient une autre figure ἀρκτομόρφος, placée près du Capricorne. Les deux premières figures dont j'ai parlé me paraissent être Osiris et Nephtys. La figure suivante est le symbole du Taureau, et la dernière représente la Grande-Ourse appelée par les Égyptiens le Chien de Typhon. Osiris, qui occupait, conjointement avec Nephtys, la partie du ciel où nous plaçons les Gémeaux, dirige une flèche contre l'Ourse ou le Chien de Typhon; dans nos sphères modernes on voit un des enfans divins armé d'une flèche dont il n'a que faire. On se rappellera que quand le soleil se couche dans les premiers degrés du Capricorne, le Taureau, l'Ourse et les Gémeaux paraissent au-dessus de l'horizon oriental. Mais il est possible que la figure qui menace l'Ourse d'un coup, représente Orion; l'opposition d'Orion et de l'Ourse est indiquée par Homère, dans sa description du bouclier d'Achille.

Dodécatémorion du Verseau.

Osiris ou Horus ἱερακέφαλος — Thoth ἰδικέφαλος, et une figure de femme, occupent les trois bateaux des décans. Au rang supérieur est Thoth avec une tête de taureau, Osiris ou Horus avec une tête d'épervier, et une divinité mâle qui tient un chevreau suspendu par ses cornes et qui sans doute n'est autre que Mendès, quoiqu'il se trouve ici transformé en *auriga*. Vient ensuite un homme *acéphale*, suivi par deux femmes qui sont probablement Isis et Nephtys. Enfin paraît le Verseau, tenant deux petits vases dont il répand le contenu. Une oie est figurée aux pieds d'Osiris.

Ce retour continuel et bizarre des mêmes divinités a rapport aux constellations.

Quand le soleil se couche dans le Verseau pour la ville de Thèbes, l'Écrevisse vient de se lever; or, l'épervier était, à ce qu'il paraît, le symbole de cette constellation; et la ville située précisément sous le tropique du Cancer fut nommée la ville des éperviers (Ἱεράπολις) par les Grecs, à cause de la vénération dont cet oiseau y était l'objet. L'Osiris à tête d'épervier peut donc être considéré comme symbole de la constellation de l'Écrevisse. L'étoile de Seth, Soth ou Thoth, autrement appelée l'étoile du Chien, devait se montrer au moment du lever de l'Écrevisse, à environ 30 dégrés au-dessus de l'horizon. Thoth, qui prit souvent, à ce qu'il paraît, la forme d'un ibis, représente ici l'étoile qui lui était consacrée, et à laquelle il présidait ordinairement sous le nom d'Anubis; nous le retrouvons encore avec une tête de taureau ou avec le casque qu'il offrit à Isis. Ceci semble indiquer qu'au coucher du Verseau, la demi-lune était dans le même méridien que le Taureau. Les deux figures femelles peuvent être celles d'Isis et de Nephtys. Dans la voie lactée, près du méridien, paraissait l'Auriga avec son chevreau. Il paraîtra plus difficile, au premier abord, de dire ce que l'oie fait ici; les Égyptiens représentaient-ils par une oie la constellation que nous appelons le Cygne? Il est certain que l'oie était consacrée à Osiris.

Ut veniam culpæ non abnuat ansere magno
Scilicet, et tenui popano corruptus Osiris,

dit le malin Juvénal. Or, la constellation du Cygne se couche achroniquement en Égypte quand le soleil est dans le Verseau. Horapollon nous apprend qu'un homme sans tête était l'hiéroglyphe par lequel les Égyptiens exprimaient qu'une chose ne pouvait être faite. D'après cela, il y a peut-être de la témérité à tenter l'explication de ce symbole dans le cas particulier qui nous occupe. Mais il me semble que l'homme acéphale est ici l'image du Nil ; car il est à remarquer que, lorsque le soleil se couche à Thèbes dans le premier dégré du Verseau, la vaste constellation du fleuve ou du Nil céleste y est visible hormis la tête où se trouve la grande étoile vulgairement nommée Acarnar.

Dodécatémorion des Poissons.

Les décans n'offrent rien de remarquable, sinon que le bateau du milieu porte une figure à tête de sanglier. Osiris et Isis se trouvent ensemble dans la bande supérieure. Les poissons *Phagrus* et *Oxyryncus* ne sont pas réunis par un lien, mais bien séparés l'un de l'autre par un cadre rectangulaire dont l'intérieur offre une grossière représentation de l'eau.

Entre ce dodécatémorion et celui du bélier, une figure mâle, debout au milieu d'un cercle, retient un sanglier par les pattes de derrière. C'est l'Hercule égyptien, beaucoup plus ancien que l'Hercule grec. Les fables racontées par les Grecs touchant le sanglier d'Erymanthe étaient empruntées des allégories astronomiques des Orientaux. La constellation que nous nommons l'Ourse s'appelait le Sanglier chez beaucoup de nations asiatiques. Achilles Tatius se trompe évidemment quand il dit que la constellation de l'Ourse n'était pas connue sous ce nom par les Égyptiens. Le contraire est prouvé par Diodore de Sicile, Plutarque et les monumens de l'ancienne Égypte. Mais je suis porté à croire qu'ils lui donnaient aussi la dénomination de sanglier, et quelquefois encore celle de chien de Typhon. L'Ourse était la constellation de Typhon, et Adonis fut tué par un sanglier, comme Osiris par Typhon. Diodore nous apprend qu'Hercule, s'étant engagé à livrer le sanglier d'Erymanthe en vie au roi Eurysthée, saisit l'animal de manière à se mettre à couvert des coups de boutoir. Dans l'emblême que nous avons sous les yeux, Hercule est représenté tenant le sanglier par les jambes de derrière. Remarquons maintenant que du moment où le soleil entre dans le Sagittaire, on voit à Thèbes la Grande Ourse approcher tous les soirs de plus en plus du méridien, jusqu'à ce que le soleil se trouve au milieu des Poissons; alors, la tête de l'Ourse touche le méridien à la nuit tombante. En même temps, la constellation d'Hercule se lève immédiatement au-dessous de Bootès, dans l'hémisphère septentrional, et les étoiles du

Centaure se lèvent au sud de l'écliptique. Dans la même nuit et au même lieu, la constellation d'Hercule se montrera au méridien lors du coucher de la grande Ourse et du Centaure, l'un dans l'hémisphère boréal, l'autre dans l'hémisphère austral.

A présent le lecteur est en état de comprendre l'histoire du sanglier d'Érymanthe et l'épisode de la destruction des centaures par Hercule.

Le nom égyptien d'Hercule était ⲬⲞⲨ, *Djom*, qui veut dire *fortis*. Quelquefois on l'appelait ⲬⲞⲨ ⲚⲞⲨⲦ, *Djom Nout*, *Deus fortis*. Mais comme les Grecs ne firent jamais du sanglier le symbole d'aucune constellation, tandis que nous voyons cet animal placé au rang des astres par les Égyptiens, nous ne saurions considérer les Grecs comme inventeurs de la fable originale touchant le sanglier d'Érymanthe.

Dodécatémorion du Bélier.

Amoun occupe le bateau du premier décan. Il a quatre têtes armées de cornes de chèvre et de cornes de bélier. D'une main il tient le sceptre insigne de la divinité, et de l'autre la croix ansée. Voici la description que fait Eusèbe d'une image d'Amoun : — « Cette image représente un homme assis ; sa couleur est celle des eaux ; sa tête est celle d'un bélier. Au lieu de couronne, il a des cornes de chèvre qui portent un cercle semblable à un disque. La tête de bélier, avec des cornes de chèvre, indique la conjonction du soleil et de la lune dans le signe du Bélier, et la couleur glauque dénote la force (plus énergique que jamais durant cette conjonction) avec laquelle la lune attire les eaux. » (Prép. évang., l. 3.) Ce passage est remarquable sous plus d'un rapport ; mais, continuons : Selon La Croze et Iablonski, la croix ansée symbole consacré à Vénus, n'était autre chose qu'une représentation mystique du *phallus*. En effet, Amoun, aussi bien que Mendès, présidait à la puissance génératrice. Le *phallus triplasien* que l'on voit dans la main d'Horus, sur la table isiaque, n'est que la croix ansée, avec trois barres au lieu d'une. Amoun reparaît encore dans le second bateau. Dans le troisième est Harpocrate, assis sur une fleur de lotus. Cupère considérait Harpocrate comme le symbole du soleil levant, et Iablonski soutient que ce dieu était l'emblême du renouvellement du soleil après le solstice d'hiver. Il est possible que tous deux aient raison, et qu'Harpocrate ait servi de symbole dans les deux sens qu'ils proposent ; mais sa place propre est à l'un et à l'autre équinoxe, où nous le voyons dans le zodiaque en question. Il se rapporte au temps où le soleil descend vers l'hémisphère inférieur, et au temps où il rentre dans l'hémisphère supérieur. Ce dieu rappelle aux initiés,

(*Quippe premit vocem digitoque silentia suadet*),

que ceux qui descendent vers les régions inférieures et ceux qui en reviennent doivent garder le silence sur les mystères qui leur ont été révélés. Si l'on peut juger des zodiaques grecs par les copies que nous en avons, le Bélier était couché sur le côté droit, et présentait le côté gauche au spectateur.

Dodécatémorion du Taureau.

Dans le premier décan se trouve Harpocrate, assis sur le lotus. Sur sa tête est un croissant, dont la concavité est tournée en haut et contient un disque. Ce symbole figure le croissant de la lune, immédiatement avant sa conjonction avec le soleil. Les deux décans suivans sont représentés par Osiris et Horus. La bande supérieure offre un emblême très-singulier : c'est un ours et un chevreau, debout et dos à dos. Au-dessus de la tête de l'ours, est un épervier. Ce symbole a dû être imaginé pour indiquer que dans la Haute-Égypte, la grande étoile *Dubeh* ou *Dibeh*, qui se trouve au dos de l'Ourse, ainsi que la grande étoile située au dos du Chevreau ou de la Chèvre dans nos anciens globes, se lève cosmiquement avec le Taureau. Derrière le taureau, Osiris *biceps* est debout ; ses deux têtes sont celles de l'épervier. L'attitude du taureau égyptien rappelle celle du taureau indien, que l'on représentait cassant l'œuf du monde avec ses cornes. (Voyez l'ouvrage de Maurice, qui a pour titre : *Indian antiquities*.)

DODÉCATÉMORION DES GÉMEAUX.

J'observe qu'Anubis occupe ici l'un des bateaux du rang inférieur. M. Visconti s'est donc mépris en disant que le symbole du Grand Chien se trouvait dans le dodécatémorion de l'Écrevisse.

La constellation que nous nommons les Gémeaux est représentée par une figure mâle et une figure femelle. Celle-ci porte le masque d'Anubis. Je prends ces figures pour celles d'Osiris et de Nephtys.

D'ESNEH ET DE DENDERAH. 179

Le retour fréquent de la tête d'épervier, dans ce zodiaque, a quelque chose de remarquable. Il paraît que cette tête d'épervier était le symbole du soleil, particulièrement dans le signe de l'Écrevisse. L'épervier volant représentait le vent, et probablement le vent du nord, parce que c'est avec le vent étésien qu'il arrive en Egypte. Mais, par lui-même, cet oiseau paraît avoir été l'emblême de la force vivifiante du soleil. Horapollon dit qu'il était le type de l'âme, et que son nom se composait de *Baï* qui veut dire *l'âme*, et de *Eth* qui signifie *le cœur*. Il est probable que les Égyptiens considéraient l'épervier comme le symbole de la vie animale, en tant qu'elle est produite par la chaleur des rayons solaires, ou simplement peut-être la force vivifiante du soleil. Abenephius exprime cette idée plus énergiquement quand il dit que les Égyptiens représentaient par un épervier النفس الشمس *l'âme du soleil.*

L'inégalité des dimensions des figures qui représentent les douze constellations zodiacales, provient, en apparence, de celle qui existe entre les nombres des symboles affectés aux différens signes par les Égyptiens. Ces symboles représentent des étoiles et des astérismes ou plutôt les divinités qui y présidaient.

Dans le cours de ce mémoire je n'ai fait aucune attention aux proportions et aux positions des figures qui représentent les constellations zodiacales dans nos anciens globes, et, par ce terme de constellation zodiacale, j'ai entendu en général la totalité du dodécatémorion auquel appartient le signe ou la figure principale de cette constellation. J'ai encore employé cette expression pour rappeler que je parle des signes rapportés à leur situation réelle dans le ciel et non au zodiaque fixe des Grecs.

J'observerai que les nouveaux globes célestes qui se font en Angleterre ne présentent plus les figures des animaux. Il est difficile de deviner le motif de cette suppression. Y aurait-il par le monde de grands enfans auxquels les animaux de l'antiquité feraient peur?

Il me reste encore un petit nombre d'observations à faire. Peut-être trouvera-t-on que j'ai trop rabaissé les Grecs, considérés comme mathématiciens et astronomes. Sous ce rapport je les mets certainement au-dessous des anciens Indiens, Chaldéens et Égyptiens; cependant ils eurent le mérite de réunir et de conserver plusieurs fragmens du grand système scientifique qui avait autrefois existé, et de s'en faire un assez bon corps de doctrine.

Au reste ils ont excellé sous d'autres rapports, et je ne saurais me résoudre à terminer ce mémoire sans payer aux Grecs le tribut d'admiration qui leur est si justement dû. Ils furent les premiers qui mirent en principe et en action la liberté civile, morale et religieuse. Si quelfois ils abusèrent de ses dons, si la liberté chez eux dégénéra quelquefois en licence, ces excès ne prouvent rien sinon la tendance qui pousse l'homme à changer le bien en mal, et à pervertir les conséquences des meilleurs principes de son être. Les beaux arts doivent leur existence aux Grecs. La poésie est originaire d'Orient, mais chez les Grecs elle devint un art. Les Indiens, il est vrai, se vantent d'avoir des poètes aussi anciens qu'Homère, et des poèmes aussi parfaits que l'Iliade; mais ils seront long-temps avant de convaincre les étrangers de la justice de leurs prétentions, et, parmi ces derniers, le petit nombre de ceux qui cultivent et admirent la littérature sanskrite aura de la peine à transférer notre admiration des Muses de la Grèce aux Gopis de l'Inde. Il ne se peut rien concevoir de plus beau, de plus sublime que le système poétique inventé par les Grecs. Celui qui a été initié aux allégories élégantes de leur mythologie peut-il goûter les fictions monstrueuses et les fables extravagantes des mythologues indous ? Nous sentons ce que c'est que le sublime idéal quand la face du dieu du jour s'obscurcit de courroux, et qu'il s'avance vers le camp des Grecs ἐοικὼς νυκτί, « semblable à la nuit ». Nous sommes frappés de respect quand, d'un mouvement de son front, Jupiter fait trembler l'Olympe. Mais les formes monstrueuses de Vischnou, Indra, Mahadeva et Kali se présentent à notre imagination comme les hideux fantômes que nous rêvons dans un accès de fièvre. Nous lisons l'histoire de Rama ou de Krischna, comme nous lirions un conte de fées, avec cette différence que nous n'y prenons point plaisir. La harpe des Hébreux peut seule, dans les temps anciens, se comparer à la lyre des Grecs ; mais ses accens étaient sublimes, et les mains qui faisaient vibrer ses cordes étaient agitées par de saints transports et tremblaient sous l'impulsion divine. La poésie orientale a toujours péché par l'excès des ornemens, par son obscurité et par son défaut de méthode. Du reste, elle ne manque point de force et d'énergie. On peut la comparer à un torrent dont la surface réfléchit le soleil, mais dont les eaux ne sont jamais limpides.

L'éloquence grecque coule d'une source plus pure. C'est encore chez les poètes, les orateurs et les historiens de la Grèce, que nous allons chercher les modèles de l'excellence. Chez ce même peuple où fleurit la poésie et l'éloquence, fleurirent aussi la musique, la peinture, la sculpture et l'architecture. Ce fut chez lui que la philosophie parla pour la première fois en public, et qu'elle reçut les premiers honneurs. Nulle part l'intelligence humaine ne s'exerça par plus de discussions. Jamais plus de sagacité ne fut déployée que dans les écoles d'Athènes. C'est là que nous pouvons admirer l'heureuse influence de cet esprit libéral que l'on connaît si peu parmi nous. Là, l'opinion était libre ; on ne faisait à personne un crime de ses spéculations. Le disciple de la nouvelle Académie vivait en paix avec le disciple de l'ancienne; le péripatéticien n'avait rien à craindre de l'épicurien, ni le stoïcien du pyrrhonien. Là, comme chez nous, les différences d'opinions purent enfanter des querelles, mais du moins on n'y institua point une orthodoxie philosophique qui dût servir de prétexte à la malveillance ou de rempart à la calomnie ; la crédulité et le scepticisme étaient exposées à la réprobation de la raison, mais non au glaive de la loi. S'il se trouve un seul exemple en contradiction avec ces remarques ; si Socrate périt par le poison, qu'on se souvienne qu'il n'encourut jamais la haine des hommes vertueux, et qu'il ne fut jamais persécuté par les savans.

L'ancienne Égypte nous présente une scène toute différente. Là, tout est petit ou gigantesque, abject ou majestueux. Point de milieu entre les plus hautes conceptions de l'intelligence et sa dégradation la plus complette. D'une part, des prêtres profondément instruits ; de l'autre, un peuple profondément ignorant.

J'ai long-tems souhaité d'examiner de mes yeux les monumens qui font le sujet de ce mémoire ; mais déjà avancé en âge je suis forcé de m'en tenir aux relations de voyageurs plus jeunes ou plus hardis que moi. Toutefois je pense que, durant le reste de vie qu'il plaira à Dieu de m'accorder, je prendrai toujours un intérêt vif à tout ce qui vient de l'ancienne Égypte, de cette terre mystérieuse, qui fut le berceau des sciences, et qui, sans les Grecs, en aurait été le tombeau.

Naples, septembre 1820.

F I N.

www.ingramcontent.com/pod-product-compliance
Lightning Source LLC
Chambersburg PA
CBHW071951110426
42744CB00030B/741